我的父亲王阶古

王安维◎著

江西高校出版社
JIANGXI UNIVERSITIES AND COLLEGES PRESS

图书在版编目(CIP)数据

我的父亲王隆夫/王安维著. --南昌:江西高校出版社,2018.9(2022.2重印)

ISBN 978-7-5493-7601-8

Ⅰ. ①我… Ⅱ. ①王… Ⅲ. ①王隆夫(1930—2015)—生平事迹 Ⅳ. ①K825.72

中国版本图书馆CIP数据核字(2018)第208831号

出版发行	江西高校出版社
社　　址	江西省南昌市洪都北大道96号
总编室电话	(0791)88504319
销售电话	(0791)88592590
网　　址	www.juacp.com
印　　刷	天津画中画印刷有限公司
经　　销	全国新华书店
开　　本	700mm×1000mm 1/16
印　　张	13
字　　数	160千字
版　　次	2018年9月第1版 2022年2月第2次印刷
书　　号	ISBN 978-7-5493-7601-8
定　　价	58.00元

赣版权登字-07-2018-964

星斗其人　赤子其心

（代序）

景德镇是举世闻名的瓷都，也是驰名中外的历史文化名城。在其两千余年冶陶史、一千余年官窑史及六百余年御窑史上，良工巨匠英才辈出。在其辉耀世界的满天繁星中，功劭德馨的一代宗师王隆夫先生无疑是格外璀璨夺目的一颗。

为了缅怀王隆夫先生在景德镇现当代陶瓷艺术发展史上的不世之功，彰显其德艺双馨的人格魅力，其哲嗣王安维教授历时数载，苦心孤诣，撰写出《我的父亲王隆夫》一书，为后人研究隆翁生平与心路历程留下不可多得的第一手资料，也为世人呈献出一份风味独特的陶瓷文化大餐。

含英咀华，榴齿含香。读罢这部情文并茂、精彩纷呈的泣血之作，笔者感慨良多。窃以为，本书除了宝贵的历史价值和独特的学术价值，从人物传记写作的视角来看，还以独具匠心的构架布局、生动翔实的典型细节和灵活多样的表达方式，带给我们多方面的启示。

高屋建瓴，匠心独妙　王隆夫先生是当代中国瓷坛举足轻重的艺术大家，其充满传奇色彩的一生跌宕起伏，堪称景德镇现当代陶瓷艺术历史的缩影。要想写好这样一个人物，殊为不易。因为生活素材积累丰厚，作者以宏观视野、宏大叙事和宏阔评说，多角度、多层次、全景式地向读者展示出乃父跌宕起伏而高标独具的一生。克绍箕裘、薪火相传的工匠精神，情系苍生、心怀社稷的人文精神，转益多师、海纳百川的包容精神，锲而不舍、皓首穷经的治学精神，椒衍瓜绵、奕叶传芳的传承精神，濯古来新、自出机杼的创新精神——在作者匠心独运的布局剪裁下，这些异彩纷呈的章节如群峰乱峙，四布罗列，势合形离而又浑然天成；又如一颗颗饱满丰润的珍珠，经作者巧接妙串，串成一串熠熠生辉的珠链，为世人展示出隆翁命运多舛而矢志不渝、求索行吟的生命之光。

怀珠蕴玉，山辉川媚　写人物传记，最重要的是写出人的精神境界，这需要典型细节做支撑。由于作者长期生活在父亲身边，相关典型细节俯拾皆是、信手拈来：蛰居苔藓蔓生、黑暗潮湿、霉气刺鼻的老屋，隆翁安之若素，甘之如饴；每有会心之作，必题以“画于潮室”诸字，以示穷且益坚之志；老母晚年耳背，隆翁每次出差归来，总要与其脸贴脸耳语一番，叙述旅途见闻，以博老母开心一笑；老父卧病家中，因光线昏暗，医生无法诊治，隆翁情急之下竟用普通剪刀剪线接灯，当场被电流击倒，幸亏电表保险丝熔断，才捡回一命；国画大师林风眠初来镇上绘瓷时以油当料，隆翁直言“不行”，林先生执意送去烧制，结果无功而返，从此每绘一瓷画必向隆翁征求意见，二人遂成莫逆之交；因为牵挂品学兼优而经济拮据的寒门学子，晚年缠绵病榻的隆翁嘱咐家人向景德镇学院义捐三十万元善款，成立“王隆夫奖学金”，其遗爱人间的可贵美德至今仍被世人传为佳话。石蕴玉而山辉，水怀珠而川媚。正是这些活生生的典型细节，让人看到了一个有血有肉的隆翁，并被其乐观、重孝道、耿直、博爱的人格力量深深感染。

传神写照，曲尽其妙　文似看山不喜平。写人物传记，最忌记流水账般的平铺直叙。作者不愧是丹青妙手，深谙泼墨画龙与工笔点睛各尽其妙之道，是以书中表达方式异彩纷呈：写人记事娓娓道来，摹景状物绘声绘色，寄情托性低吟浅唱，感怀时世议论风生。作者追忆椿萱并茂时的旧日温馨，凄怆悱恻，荡气回肠；怀想慈父舐犊情深的历历往事，如泣如诉，哀感顽艳；思及慈父坐破寒毡、磨穿铁砚的勤勉敬业，执鞭随镫之情溢于言表；诉说慈父待人处世的宅心仁厚，情动于衷，感人肺腑……

手工制瓷传统技艺是景德镇历史文化的主要内容，而良工巧匠则是传承手工制瓷传统技艺的主要力量。白云苍狗，物换星移。随着岁月的流逝，一些大匠名家正逐渐老去，有的已经老去；他们身上所承载的重要的历史文化信息也将随之逐渐消失或已经消失。从历史文化遗产保护与传承的角度来看，这些历史文化信息一旦消失，无疑将造成无法挽回的损失。因此，通过各种形式对这些大匠名家形态各异的艺术人生进行抢救性挖掘、记录和研究，就是保护这座城市的历史，赓续这座城市的文脉，不仅十分重要，而且刻不容缓。

基于此，本书的出版堪称景德镇历史文化遗产保护和传承工程中浓墨重彩的一笔，也是景德镇当代陶瓷艺术史研究的重要收获。但愿它的面世，能够成为唤来百花齐放的一缕春风。

远 征

2018 年 6 月 18 日端午之夜于琢玉楼微风习习的南窗

（远征，又名吴维惠，景德镇市作家协会副主席，景德镇学院海上丝绸之路研究院副院长，南昌大学影视艺术研究中心兼职教授，联合国教科文组织“陶瓷文化保护与创新”教席专家）

前　言

父亲离开我已多年了，这么多年来，无论是画瓷器时，还是漫步在生活的小区，父亲的影子无时无刻不在跟随着我。当我下坯房画青花时，我总感觉父亲在指点我的不足。有时，尽管是我一个人在林荫道上散步，但父亲的影子好像总是随着我。他在我身旁与我聊天，聊我们的家世，聊祖上的荣光。

2015 年 9 月 10 日，我的父亲王隆夫因病辞世，享年 85 岁。2012 年母亲大人因病辞世后，父亲就郁郁寡欢，身体和心情大不如前，常常借酒消愁，80 多岁的老人有时一顿要喝半斤高度白酒；有时回忆起母亲生前种种，说着说着，到伤心处却又默然了。那份落寞，让我们这些做儿女的看着心痛，却又无从安慰。有一天，我到父亲的创作室接他，他低着头，一语不发，也不正面瞧我。我问他是否又想起了母亲，他老泪纵横，不停点头。我抱着他，父子俩相拥，失声痛哭起来。在那以后我便更深切地体会到了父亲的那份落寞，即使工作再忙也要腾出时间陪一陪父亲，不想让老父有一丝一点落寞了。父亲去世的那天，正是教师节。父亲是景德镇七二一大学（景德镇陶瓷职工大学的前身，后被并入景德镇学院）的创始人之一，从事陶瓷艺术教育数十年，在陶瓷绘画创作之外，大部分时间和精力都奉献给了陶瓷艺术教育事业，培养了一大批陶瓷艺术优秀人才。他关爱学生像关爱自己的孩子，总是毫无保留地倾力相教，悉心培育，他的人品、师品和画品一样受到大家的赞誉，这也是他引以为荣之处。爱学生、爱教育的父亲偏偏在教师节这一天辞世，或许也是冥冥中的天意吧。

父亲和母亲大人相伴半个多世纪，勤勉一生，历经坎坷，组建了我们这个陶瓷大家庭。如今，儿孙辈都已长大成人，本应一大家人其乐融融、共享幸福之时，他们二老却在天国相聚了。我顿觉五内俱焚，形单影只。从此，在这个世界上，我就是一个没有父母关心的人了。以往，父亲每天下午四点多钟就会打电话给我，问我在哪里、在干什么、回不回家吃饭，尤其遇上我出差在外，更是嘘寒问暖，反复叮嘱，生怕我冷着、累着。父亲去世后，我很长一段时间缓不过劲来，每天忙完工作，我就习惯性地惦记着回家去看看父亲，却突然意识到父亲再也不会在家中等着我了，我再也看不到父亲慈爱的面容了，再也听不到父亲的谆谆教诲了。家中小院的紫藤依旧，只是一家人陪着父母亲围坐在紫藤花下的时光一去不复返了。冬日天寒，雨雪纷飞不止，院内叶落枝槁，倍感萧瑟。

在国人看来，父亲已是高寿，然而他的猝然离世，仍然让我内心非常难过，时时念及亲恩，我仍食不知味，夜不成眠。所幸父亲的风骨与精神已流淌在这个家族的血脉之中，代代相承，生生不息。

我十分想念在天国的父母！

王安维

二〇一六年一月写于还经楼

目　录

CONTENTS

第一章

源　　起

一　家　族

我的家族世代与陶瓷结缘。如从曾祖父王昌彬先生任清代光绪、宣统年间御窑厂督办算起，已绵延五代，历经百年。从清末至民国至新中国，不论世事如何更迭，社会如何变迁，哪怕是战乱频仍、饥饿贫寒，我们家族世世代代都秉持着陶瓷文化的薪火，从未离弃，始终坚守。在这段家族百年史中，父亲王隆夫上承祖业，下育后代，诗礼传家，躬身力践，将一生的才智与精力都奉献给了陶瓷发展事业。在父亲的影响、推动下，陶瓷不仅成为我们家族的安身立命之本，更成为我们家族的精神血脉之根。历史的长河奔流不息，我们家族的兴衰和命运是微不足道的，是景德镇这片沃土滋养了我们。我们是在这座古镇千年的历史和文化的浸润中成长起来的，是受益者，更是接力者。我们有荣光辉耀，更有担当情怀。

昌江河，是我们景德镇人的母亲河。它源自高山，水流丰沛，千百年来奔流不息，汇入鄱阳湖，流入滚滚长江。窑柴顺水从浮梁的上游漂浮到镇上的三间庙、里泗渡，是烧制精美瓷器的主要燃料。我们家族几代人就在这条河边出生，在这条河边成长，在这条河边繁衍。这条河流起于何时，我们无法考证；奔至何时，也无法知晓。时间是历史洪流的一杆标尺，借助这杆标尺，我们得以远望文脉，反观当下，找到自身在人类文明漫漫旅途中的落脚处。

据现有史料记载，“新平冶陶，始于汉世”。然而，随着考古发现的不断增多，景德镇陶瓷的初烧时间或将不断前移。如果抛开狭隘的地域观念去看，中国乃至世界制陶史是和人类的文明史同步的。火的使用是人类文明进步的重要标记之一，而火恰恰是制陶最重要的元素。火与土的结合，则是原始人类在劳动生活中的无意发现，是大自然对人类的恩赐。正是这一重要结合，让人类能够摆脱完全自在无为的状态，成长为万物之灵，并开始漫长的文明进步之旅。

我曾多次到西安去参观仰韶文化遗址，半坡精美生动的彩陶让我惊叹不已，感慨万千。我常常想，人类由旧石器时代步入新石器时代，这一伟大的飞跃中，我们能看到的这些彩陶仅仅是一小部分物证而已，真正精彩的部分，可能已经湮灭，或是尚未被我们发现。我们至今仍无法考证，在人类文明的最初，那第一件被无意中制造出的陶器出于何时何地，形貌如何。也许，它像无数珍宝一样，早就从这个世界上消失无形；也许，它还默默地沉睡在世界的某个角落，等待着有缘人跨越时空与它相遇。人类历史正是由无数这样的传奇交织而成的，虽然这些传奇往往被更多的尘埃所掩盖，百年乃至千年难遇一次。

我们只要一只脚踏进陶瓷艺术这条长河，就会成为艺术的皈依者，被驯服，被安定。无论浪花还是礁石，无论小舟还是巨轮，都在这条长河中存在，浑然一体。旧的自然被淹埋，或是在若干年后被发现，重现人世，给后人许多困惑，许多惊喜；新的不断产生，同样让人惊叹，或是苦恼。然而，这条漫漫长河不去理会这些，它任由自己的性子，奔流不止；它貌不惊人，却用绵厚有力的手掌，抚平一切时间和空间的差距，向前，向前，向前……

对于家族的历史，我同样感到茫然。由于“文革”期间“造反派”对我家的“光顾”和洗劫，家族大量的文字史料和珍贵的文物遗失。翻阅残存的几页家谱，我可以看到一群曾经在家史中闪耀的星辰，有的没有任何事迹记载，仅仅是单纯留下的一个名字。也许，文字从产生之日起，就有了这种选择的功利，史官凭借天赋的权力增删表述，后人只能被动地认知，甚至认为只有文字记载的历史才是历史，而更为丰富生动的真实发生过的历史却被无情地删削。人们往往忽略了，见于文字的历史即便不是谎言，是实在的存在，也是单薄的，它离不开那些被遗弃、被忽视的篇章，而那才是历史真正厚重的土壤，是这条长河真正的源头——一条河流由不能分离的点滴河水组成，而不仅仅是几朵耀眼的浪花。

不过这部历史过于厚重，从知识接受的角度来说，瞩目浪花也有合理的地方。人的时间和精力毕竟有限，如果淹没在滔滔河水中，生有涯而知无涯，岂不也是一种没顶的无趣？再者，这条长河历经千年万年，若是没有一朵浪花翻起，那是何等的枯燥乏味，会不会它自己也会厌倦奔流，自愿干涸，甚至宁可静默为高山大川，让后人压根儿不知道曾经有这么一条河流呢？

历史就是这么让我们纠结，却又这么宽厚。无论我们发现还是遗忘，无论我们顺流而上还是连续跨越，随心所欲地阻隔，它都静默无语。也许，它已经走过那么长的历程，我们的任何个人选择，在它智慧的目光看来，都如同顽童的游戏，不值得计较。我们自认为惊天动地的折腾，往高处和远处看去，都只是再渺小不过的浪花，在游戏者的心里波涛汹涌，在历史长河中却完全可以忽略不计。

然而，历史毕竟又是由无数游戏者共同书写的。或许他们的初衷并不是彪炳史册，青史留名，他们只是随心适意，用生命随意在长河里划动，平静的水面也就留下道道痕迹，被更多的同游者和后行者所知晓，所模拟，所阐发，所激扬。这条河流的河岸也就在不经意间更加宽广，流速也发生着变化；浪花的数量也在变化着，吸引着更多的目光。

二　曾祖父

凭借现有的史料，我无法考证这座城市的先祖涉足陶瓷始于何时何人。也许，曾有很多始祖陶醉于这种火和土结合的艺术，因为这毕竟是人类文明的起源。但他们中的大多数，只是一辈子用这种工艺谋生甚至仅仅是娱乐，他们的名字仅仅是因为血统的关系存在于族谱之中，却淹没于陶瓷历史长河，不为后人所知。历史自有其延续性，后来者并非破空而出。家族的血脉流淌融入陶瓷文化的长河之中，在无意中朝同一方向行进。国家和时代风尚形成的集体无意识，影响着这个历史文化名城的发展，其间有的先人以其个性和才华激起朵朵浪花，蔓延出支流，让家族史更为丰富多彩。

从一般的生活角度来说，我的家族的历史和民族的历史一样，是一条长河，恐怕我毕一生之力，也不能穷尽万万分之一的奥妙。凭依家族和陶瓷的结缘，我一方面为身上流淌的陶瓷血液感到荣耀和自豪，另一方面，自呱呱落地之日起即在这条长河中浸泡，已经难以说清到底是哪一抔水对我影响最深。生于斯，长于斯，我已经和这条家族河流融为一体。只不过，顽皮和淘气的我并不满足于潜行，而是时不时爬上岸来，看看风景，反观自己的投影，既陶醉于这条长河的壮阔，为自己的这种历史渊源感到自豪，同时又感到一种对于未来的惶恐——我们将流向何方？这条已经千年流淌的长河会不会在将来越来越窄，越来越浅，终有一天消失不见呢？如此，我感到随波逐流的适意，更为这种迷失方向的放任自流而感到惊惧。我们从历史顺流而来，更有责任和义务使这条大河向未来伸展，让更多的后人在这条长河中汲取营养，修炼技艺，成长为历史的传承人。

这样我们就不能一味埋头在这条长河里扎猛子了，而是有必要向着上游回溯，去看看历史的风景，寻找继续前游的启示；同时，也不能仅仅陶醉在家族的长河里，而是应当走出去，到更大的民族长河和世界长河里漫游，避免成为井底之蛙。

曾有伟人说，历史是一串链条，任何人都是历史链条上的一环。这种说法让我们对历史的节点看得更为清晰。还有一种更确切的描述是，历史是一条长河，我们都是融于其中的水珠，谁也不能把自己和其他水珠分开。历史的传承和创新只是后人为了书写的方便而做出的人为的区分，而在真正的历史当中，任何惊涛骇浪都不可能脱离河流横空而出，再大的惊涛骇浪都是千万颗小水珠互相牵连、凝聚而成的。

只是，为了观察的方便，人们往往需要将历史的节点从运动中暂时抽离，以静止的影像呈现。只要我们没有忘记这种运动的本质，暂时做一下静观反而能够让我们获得更为深刻的生命体验，且不至于被淹埋在运动之中，对于自身和历史都失去感知。

顺着家族历史长河，往上溯游，一个高大的身影慢慢浮现，那就是我的曾祖父王昌彬先生。历史的因缘际会，让曾祖父担任了清光绪、宣统年间的御窑厂督办。据祖父说，曾祖父原来在苏州为官，后由光绪皇帝的先生翁同龢的亲家推荐，赴江西景德镇任御窑督办。明初，景德镇成立了御窑厂，宫廷瓷器开始注明皇帝的年款。代表东方古老文化的瓷器，素有官窑、民窑之别。官窑，即官方创办的窑厂。封建社会的官窑是专为皇宫内院制造供皇上用的瓷和皇帝赏赐给臣僚的御瓷的御窑厂。御窑厂由于特权所在，历来荟萃着景德镇的陶艺精英和能工巧匠。它虽然专为皇帝烧制瓷器，客观上却为中华民族创造了大量蕴含瓷文化的奇珍异宝。这些奇珍异宝中，除了不少流失于海外的，至今尚有许多陶艺珍稀品为故宫博物院珍藏并向海内外游客展示。

御窑厂是官窑的象征，是陶艺瑰宝的摇篮。人们历来对充满神秘感的御窑厂怀有好奇心。御窑厂形成的历史背景是封建专制，当时，全国优秀艺人、能工巧匠聚合于此，用最精美的材料和最先进的工艺打造最精美的艺术品。这种不计成本、但求精品的制作方式于今已经难以复制。曾祖父有幸侧身其间，这种文化的浸染对于整个家族的影响真是难以言传。陶瓷艺术一方面以古取胜，另一方面以精取胜。御窑厂中这种官窑陶瓷的价值难以估量。大师荟萃，相互交融，这种合力和爆发力，甚至能够局部改变历史长河的流向，将河岸一下子拓展数倍甚至数十倍，激起无数惊涛骇浪，卷起千堆雪。对于我们每一位家族成员来说，享受的不是得到多少家传古董，而是这种文化血液的浸染。

曾祖父自己是否也曾手痒难耐，加入这支制作精品的队伍，我们已不得而知。在那个时代，共名是时代的主流价值观念，个人注定要被历史沉埋，艺人手艺再高超，也只能得到自己和知心好友的会心一笑，却不能在千年不朽的陶瓷上留下自己的名字。然而，另一种口耳相传的历史却不会将他们忘怀，使他们至今仍鲜活地存在于后人的记忆之中。曾祖父王昌彬先生善于总结能工巧匠的技巧及工艺方法，记录下许多，保存在家中。

曾祖父王昌彬是个饱学的儒士，据父亲回忆，他撰写的著作《窑彩杂言》，翔实生动地记述了各种陶瓷工艺。不仅如此，他还精通陶瓷的经营，无论是陶土瓷胎还是釉色料色，无论是釉下青花还是瓷胎珐琅，他对彩绘工艺和器皿造型无不熟谙在胸，因此深受陶人瓷商的敬重。曾祖父王昌彬在其任上，奉造了慈禧太后七十大寿的寿典御用瓷，受到皇帝的赏赐和嘉奖。曾祖父王昌彬虽身居要职，却同陶工们相处和谐，与金品卿、王少维等御厂名画家交谊甚厚，常相邀品茗小酌，谈瓷论画。辛亥革命后，御窑厂停办，曾祖父王昌彬不弃旧业，自办作坊，仍以瓷业为生。1916 年，郭葆昌受袁世凯派遣，以陶务署监督的身份，到景德镇烧造洪宪帝号的御用瓷。郭曾多次登门拜访王昌彬，几经商议，在镇区湖北会馆募工烧造，以精益求精的皇家标准仿造珐琅瓷四万件，款识多为“居仁堂”。洪宪帝号转瞬即逝，曾祖父王昌彬顺应时代潮流，在挚友的力邀下，加入了官商合办的江西瓷业公司，遂与康达、杨庭辉、饶华阶、邓碧珊、姜振柱等过从甚密。曾祖父王昌彬岁至 90 高龄。

如果说曾祖父对于我们家族来说是一个光辉的符号，那么祖父王庭芳先生则是我在这条长河中漫游的启蒙教师。祖父王庭芳字旺柏，早年毕业于饶州府的省立窑业学校（景德镇陶瓷学院的前身，是中国最早的也是当时唯一的陶瓷专业学校），继而又就读于上海美专。上海美专 1912 年 11 月由乌始光、张聿光、刘海粟等创办，名“上海美术学院”，1915 年改名为“上海图画美术院”，1916 年称“上海图画美术学校”，1917 年组织校董会，聘请蔡元培、梁启超、王震、沈恩孚、黄炎培等为校董,1920年更名为“上海美术学校”,1921年更名为“上海美术专门学校”。上海美专是中国现代第一所私立美术学校,培养出的艺术名家遍及海内外,创办之初就是一所蜚声海内外的艺术类名校,著名艺术家刘海粟长期任该校校长。祖父喜爱美术,能书善画,对海派画家颇有研究,早期受到了任伯年、吴昌硕等海派画家的影响,后又研习了扬州八怪的画风。抗日战争期间,祖父怀抱救国之心,一度投笔从戎,在黄埔军校步兵分校任文职教官。之后祖父子承父志,自办釉坊,专事挖掘、研制瓷用高中温颜色釉,其鱼子釉中的孔雀蓝、瓜皮绿、松石绿及矾红、茄皮紫以发色纯正、晶莹透亮的特点,在镇上窑户中颇有口碑。1930年,我的父亲王隆夫即出生于这个充溢着书香瓷韵、亦陶亦商的家庭。

三　父亲与瓷

我的父亲生于战争年代,经历过战乱的洗礼,也经历过饥荒的磨炼,同时也是“文化大革命”那段黑暗历史的受害者,可以说苦难与磨砺伴其一生。但是,磨砺者,磨难中得到砥砺也。磨难同时也是一种磨炼,它在精神与肉体上造成创伤与伤痛的同时,也锻炼了我父亲的体魄,锤炼了我父亲的意志。孟子语:“天将降大任于是人也,必先苦其心志,劳其筋骨,饿其体肤……”这道出了唯有磨难使人成长、使人成功的道理。周文王拘而演《周易》,孔子失志而作《春秋》,屈原遭逐放而歌《离骚》,左丘明失明而书《国语》,孙膑受害而编《兵法》,一代诗圣杜甫,经唐衰落,人生失意,方能写就篇篇佳作……前人种种已经诉明磨砺可使生命的光彩砰然而现，可使人更加成熟，也可磨去年少轻狂的棱角和冲动的锋芒的道理。

日月争相辉，春秋竞相逐。我的父亲便是在种种磨炼中慢慢成长起来的。

生于陶瓷世家，父亲王隆夫（号昌南子）是在耳濡目染的熏陶中长大的。父亲生于1930年，庚午年，属马，是家中独子，上没有兄姐，下没有弟妹。父亲小时候，家境早已中落。本来父亲还有一个弟弟，小名“铁皮”，父亲的小名叫“健皮”。铁皮6岁时出天花去世了。父亲弟弟的去世，给当时幼小的父亲造成了很大影响，因此爷爷奶奶把父亲看得很重。但父亲十分顽皮。当时父亲家在“厂前”，即御窑厂的钟鼓楼前。家中客厅比较大，中客摆放着一条廊儿，中堂里放着底部有可以左右摇摆的钟摆的摆钟，摆钟的两边是一对帽筒，廊儿前有一八仙桌，八仙桌的两旁放有八把太师椅。父亲总是从这个椅子跳到另一个椅子上嬉戏。有一次他失足跳空了，把右手的中间主骨摔断了，把爷爷奶奶吓坏了。爷爷奶奶请当时景德镇一个叫“张道士”的神医给父亲接骨疗伤，最后终于治好了。父亲一生都是靠这只曾经负有重伤的手臂维持一家人的生活的。

父亲年幼时在圣公会学堂念书。那是一所美国人办的教会学校，就在现在的珠山中路原市总工会旧址上。幼小的父亲由于缺乏营养而十分瘦小，冬天细雨中常穿着一双非常不合脚的祖母的尖头雨鞋，头戴斗笠，顶着寒风去求学。父亲知道，只有不断学习，不断提高自己，才能出人头地。当时教会办的学校师资是比较强的，除中文课、数学课还开设英文课，课外活动也精彩纷呈，以至于80多年后，父亲尚能读出许多日常英文单词，有时在舞会上他还能跳出快三慢四的舞步，让我这个中年人都自愧不如。

祖父在父亲年少之时，便十分注重对父亲进行教育，常带着父亲去看《三国》、品《春秋》、读唐诗、吟宋词，所以父亲从小便有较好的文学底子。祖父有时会带父亲到野外去切身体会自然的美，而不是仅仅将父亲局限于书本之内、文字之间。耳濡目染之下，父亲在小时候便学习了许多知识，增长了自己的见识。如果父亲能一直这样学习下去，他之后或许会成为一个老师或一个学者，但当时的家境实在不能支撑父亲完成他的学业，这也成了父亲人生的转折点。

父亲曾感慨道："一个人生活的环境，决定了他性情、志趣的形成。在这个家庭里，我从小耳闻目睹的尽是画与瓷的人和事。"他清楚地记得，他10岁时曾祖父把着他的手练毛笔字，祖父在油灯下给他讲《陋室铭》，记得他童年学画临摹的那本《芥子园画谱》和陈洪绶的《博古叶子》。他说，陈洪绶的那套木刻线装的版画共有48幅画，画的全是历史人物，不仅表现了画家在人物画技法上的造诣，也反映了画家本人思想的成熟。陈洪绶的笔触表明其已摆脱了一个亡国遗民感事伤怀的狭窄境界，而深入到了社会变革的趋势中。在那套叶子里，陈洪绶除了画一些历史上为人民所景仰的英雄志士，还画了许多豪客富商，其中就有富比王侯的陶朱、猗顿，据有铜山以铸钱币的邓通，敢同王恺斗富的石崇，礼抗万乘的寡妇清，日食万钱的何曾，等等。这种以歌颂财富为主题的人物刻画，是陈洪绶对封建士大夫传统观念的挑战。这些，都是我父亲之后学画时的感悟。

祖父见隆夫喜好绘画，故在闲暇时教他勾线临描。父亲每日秉烛习画，也渐有小成。一天，有位客户拿来两支瓷瓶坯胎要施色釉，父亲竟私下以青花料去涂塌，勾几枝翠竹，点几瓣梅花，撇几丛兰花。祖父见损了客人的瓷胎，要责打他。客人看了，却认为笔法虽觉稚拙，但颇具章法，极有笔韵和意境，反喜滋滋地拿去烧窑了。

青年时期的父亲

1944 年，由于生计所迫，父亲终止了自己的学业，到由“珠山八友”之一的王大凡老先生创办的太平瓷社学习绘制陶瓷的手艺。那天是一个大晴天，祖父一早上便领着父亲去了太平瓷社。那是父亲与陶瓷的正式接触，也是父亲与王锡良老师的第一次相遇。可能父亲也没有想到，那天所遇之人将会与他开始一段持续 60 多年的友谊，而那天所接触之物也将伴其余生。初到太平瓷社时，父亲白天就伏案学习粉彩。

当时，瓷社指定由大他 9 岁的王锡良老师给父亲讲授油料性、制作方法、烧成温度等陶瓷知识。父亲在初入瓷社之时对许多东西都不了解，王锡良老师便一点一点为父亲解惑，一步一步教授父亲陶瓷知识。有时遇上王锡良老师也不知道的问题，王锡良老师也绝不会随便应付，而是去问那些更有经验的老人，去问他们的观点与看法，然后再给父亲解答。

学习陶瓷知识不仅使父亲在经济上得到了支持，更重要的是让父亲在精神上得到了前所未有的满足。正式接触陶瓷之后，父亲才明白那种用自己的双手创造出东西并刻上自己印记的成就感与满足感。而让父亲更为满足的是心灵的升华，因为学习陶瓷知识使他能在前人的智慧与创造力里遨游，去感受中国几千年文化的精粹。初次接触陶瓷，父亲便已经被陶瓷的魅力所吸引，完全沉迷在了陶瓷的世界中，并在陶瓷的世界中不断汲取养分，不断充实自己。虽然王锡良老师比父亲大9岁，但他们两个之间完全没有代沟，反而是因为年龄上的差距，王锡良老师非常疼爱、关照自己的小徒弟，父亲则非常尊重、敬爱自己的领路人、师傅。直到父亲年老之时，当问起当年初学陶瓷的事情，父亲仍然记忆犹新。因为这段因缘，父亲一直对王锡良老师非常尊敬，两个人的友谊也绵延一生。父亲病重之际，王锡良老师不顾自己90多岁的高龄和行动上的不便，执意到医院看望，两位沧桑老人执手相望的情景，令人唏嘘。在太平瓷社的那段时间，父亲白天在瓷社学艺，晚上在家里跟着祖父母学习国文和海派绘画。从那时起，父亲便与瓷结缘，以瓷为生，也为瓷而生。

家风熏陶，师长传授，加上自身聪明颖悟，进入太平瓷社3年后，父亲有了自己的“隆夫画室”。画室坐落在旧时珠山御窑厂的南侧，故王隆夫的画作都有“书于珠山南麓”的题款。当时17岁的父亲以画粉彩人物为主，亦工青花花鸟，其金石、书法、国画也为人称道。他画瓷器向来自画自填，题诗作跋也从不假借他人，而是自吟自写。与别人的陶瓷画作相比，尽管他画作上的人物也是传统的道释、仙佛故事中的人物，

御窑厂原址龙珠阁旧照

但他的画作在人物刻画、背景处理以及构图章法上与众不同。他画的一幅名为《唐三侠》的粉彩瓷板画，画中人物容貌、服饰各异，个性鲜明：虬髯客裘衣缨帽，骑在急欲狂奔的驴子上，回首拱别；李靖儒衫方巾，环佩当风，相貌文秀清俊，与豪侠似有千言万语而难以表达；丽人红拂则身裹红斗篷，绣袂微扬，腰佩宝剑，跨骑在马上，那欲说又止、依依惜别之情溢于言表。整个画幅笔致尖秀爽劲，眉目点染传神，且通过布局的一张一弛、一动一静产生了强烈的对比关系，是谓“情动于中而形于画”。画作题有自题诗，诗曰：“英雄谁能识，笳吹朔气间。但教侠义在，风范载史篇。”瓷苑画坛对此画反响热烈，誉其画好、诗好、意境好。但王隆夫并不自足，每有新作，必携之向“珠山八友”耆宿王大凡和师父王锡良等人求教，常常获益匪浅。

如果不是为生计所迫，父亲当年或许不会走上专业陶瓷创作的道路；而走上这条路之后，父亲也并没有仅仅成为一名循规蹈矩的工匠，这是父亲的禀赋和勤奋使然。父亲生于一个混乱的时代,但对文化交流来说那又是一个好时代。父亲转益多师为我师,不仅从“珠山八友”这些前辈那里汲取陶瓷艺术创作的营养,更通过结交潘天寿、林风眠、朱屺瞻、王个簃、唐云这些美术大师,让自己触类旁通,走出了狭隘的陶瓷工艺的范畴,为自己的艺术创作找寻到了更广阔的天地,谋取到更丰富多彩的表现手法。父亲常说,在艺术创作中“眼高手低”并不是坏事,甚至眼光必须高,要站在一个制高点,绝对不能成为鼠目寸光的井底之蛙;眼光高了,手艺才会慢慢提高,眼光要是不高,手艺是很难提高的。年轻的时候,父亲喜欢跟胡献雅、毕渊明、余翰青、胡庐等长辈交朋友,总是虚心地向前辈学习技艺和知识;80 岁以后,父亲却又喜欢和年轻人如余效团、胡晖、吴能等在一起,因为他认为和年轻人在一起能与时俱进,可以接触到更多新鲜的事物。

父亲在画、书、诗、治印等方面都有所涉猎。看过父亲作品的人都能感受到父亲的作品有着强烈的风格,自成体系。

父亲擅长画画,在作画上父亲又最擅长花鸟画。以书入画是父亲画花鸟画的主要风格。确实,父亲的花鸟画也经常透露出书法的韵味。他说:“中国画之所以大气,高度概括,主要还是因为画建立在书法的基础之上。”父亲的书法根底深厚,变化多端:楷书古拙朴茂;行书劲健秀拔;隶书虚实相映,笔意沉雄;篆书以石鼓文成就为最高,既保留了石鼓文雄浑古朴的气质和刚柔相济的特点,又打破了篆体单纯的工整,用笔沉穆,园劲而严峻。吴昌硕在《西泠印社醉后书赠楼村》中说道:“奇书饱读铁能窥,蜾扁精神古籀碑,活水源头寻得到,派分浙皖又何为?”父亲对吴昌硕先生这种“蜾扁精神”极为推崇,认为“蜾扁精神”是书法艺术据以创造的“活水源泉”,绘画艺术亦是如此。父亲的花鸟画源于古篆隶的用笔、用线，古拙灵动，浑厚有力，金石风味的流露是他花鸟画用笔的灵魂所在。在花鸟画中，这种线条的反复交织，以及粗犷与细致、紧密与疏松、丰润与枯淡等的灵活结合，使得画面内涵深厚，给人一种强烈的震撼之感。父亲笔下的梅花多有一枝回掩转折，融合了石鼓文的整体布局，与写篆的意趣相通，凝重浑厚。

气势是父亲花鸟画的又一大风格。“气”是中国绘画艺术以及所有艺术风格的最终追求，父亲经常谈到，“气”作为一种精神，有着多种表现方式。父亲在画葡萄与紫藤时，就常用草书笔法来表现气势：父亲画紫藤，藤条纠缠飞舞，富有弹力的转折用笔无一不是草书入画的完美体现；同时，这些藤条花卉中，草书用笔融入了篆隶的笔法，放纵的运笔中仍透露着苍茫古朴的特点。

父亲作画融书、画于一体，源于其金石篆刻的学习经历。父亲16岁时便在祖父的指导下学习刻印，深受吴昌硕、邓石如、吴让之、赵之谦等大师的影响，后也曾自学秦汉金石碑学。父亲的篆刻疏密有致，方圆、曲直、粗细、断连，变化多样，把石鼓文融进印章之中，呈现古拙之趣。作画时，父亲自然而然地把书印的行笔、运刀以及章法、体式、韵味带入画中。吴昌硕先生曾说过“书法篆刻，共一炉治”，父亲对此深以为然。父亲认为印和书画是相辅相成的，“书画之精妙者，得佳印章生色”。篆刻的章法和与绘画的“虚实相生，疏密有致”是相通的，把治印的点话运刀所具有的金石气渗透到绘画的用笔用线中，能使花鸟画的用线更加厚重，更具立体感。祖父以前曾和我说过，父亲少时为了钻研篆刻，常常废寝忘食，观摩祖父篆刻时也聚精会神，生怕错过些什么。有时为了去观摩那些名家的佳作，父亲不惜跑上几公里；有时看到名家的作品，他更是激动得一连几天睡不着觉。即使到了晚年，父亲一听到哪里有好的篆刻作品,也总是迫不及待地想要前去观摩。父亲去时总是带上我,有时我这个年轻人都经不住这样的奔波,父亲却乐此不疲。父亲对篆刻的喜爱之情大抵如此吧。

父亲的篆刻刀法主要有两个基本的特点,这两点是学习吴昌硕先生的,但又与吴昌硕先生不完全相同。首先,父亲的篆刻刀法有着冲保证合的特点。父亲曾对吴昌硕先生的冲切刀法进行过深入研究,同时又认真仔细地观摩过前人的冲刀法和切刀法,通过数不胜数的篆刻创作,不断探索,将冲刀与切刀两种不同的刀法结合在一起,形成了自己的冲保证合的刀法。但每当提及于此,父亲总是不自觉地透露出对吴昌硕先生的敬佩之情,常对我说"吴昌硕先生的刀法实乃篆刻刀法的巅峰,是自己远不能达到的",除此之外又有不能亲自向吴昌硕先生请教的那种遗憾之情。父亲甚至说过"自己愿意少活十年,去换一次请吴昌硕先生指教的机会"。父亲篆刻刀法的另一个特点便是残缺的特点,残缺手法也是吴昌硕先生的另一种常用手法。我们知道秦汉时期的古印大多年久日深,在经历了水土的浸染、自然的风化之后,印面和文字线条会失去原先的平整和光洁,变得残缺不全。但这种残缺恰恰给我们以古朴、含蓄、浑厚、苍拙的审美效果,这是自然的造化使然。父亲从吴昌硕先生那里汲取营养,在传统的冲切刀法的基础上辅之以现代的工具,在吴昌硕先生篆刻的基础之上再创新,让印章上升到残缺美的审美境界。同时,父亲的篆刻又不同于吴昌硕先生的,表现出父亲自己的那种浑然天成、父亲的随性。虽然父亲在篆刻之时十分严谨,但他往往又发挥出自己那种随性的特点,使自己的篆刻作品不像一般的篆刻作品那般死板,而显得生气十足,严谨又不失灵动。

这种扬弃的精神是父亲一直都很推崇的。父亲认为我们创作要能吸收前辈先贤的优点，但是绝不能照搬照抄，完全模仿前辈先贤，正如齐白石老先生说的那样，“学我者生，似我者死”。我们要能继承先人的优点，同时也要摒弃他们的缺点，要能对他们有全面的、正确的认识，更重要的是我们的创作要与时代相关联，要将时代的气息注入我们的作品，做到在继承的基础上再发展、再创新。

父亲创作瓷艺作品，善于从书法、绘画、金石、诗词中汲取营养。几年前，我与父亲在南昌拜望得美术馆举办父子作品展时，我有感于父亲的创作理念和我受到的来自父亲的文化熏陶，谈到了瓷艺创作的“三个不敢抛弃”：不敢抛弃唐诗、宋词、元曲，不敢抛弃中国的书法艺术，更不敢抛弃景德镇千年的陶瓷文化底蕴以及陶瓷的特有材质。只有站在前人创作、积累的精华艺术的基础上，找到一个创作的方向，哪怕只是取得一点小小的突破，都能使作品富有生命力。

第二章

年轻的父亲

一　第一个孩子

1950年,20岁的父亲渐渐地蜕去了稚气,有了点男子气概,虽依然显得青涩,但早已承担起了家庭的责任。当时的父亲,正在陶瓷创作的道路上越走越前,越走越深,在陶瓷厂和美研所中,一点一点汲取营养,不断学习进步着。同时,父亲认识了母亲,两个人相知相恋,相爱成家,有了自己的家庭。我的祖父祖母当时身体也还强健,一家人无病无灾,家中虽然依然清贫,但还算过得去。

日子就这样一天天平静地过去,直到有一天母亲发现自己有了身孕,一家人便沉浸在了喜悦之中。当时的父亲马上就要为人父了,自然显得非常高兴,每天小心翼翼地照顾母亲,生怕累着了母亲。这毕竟是父亲和母亲的第一个孩子,虽然从小到大父亲也见过许多人怀孕生子,也曾与朋友开玩笑说如果自己老婆有了身孕,自己会如何如何照顾自己的妻子,可当这一天真正来临,母亲的肚子一天比一大,对这还有些懵懂无知的父亲面对诸多讲究,常显得茫然无措,常做得手忙脚乱。幸亏有祖母在,母亲身子养得还不错。父亲偶尔也会向他人取经,请教如何照顾孕妇，在这期间需要注意些什么，以及孕妇的情绪与平时有哪些不同。

因此父亲每天除了要努力工作，要抽出时间练习作画，翻看书册研究陶瓷，还要照顾母亲，每天虽累，但是非常满足。

终于，母亲生了，我的哥哥王安华出生了，一家人再一次沉浸在喜悦的暖洋之中。父亲初为人父，第一次将全部的爱倾注在哥哥身上。

当时是1951年，国家初定，整个社会正在享受难得的和平和安稳，中国内陆中的小城浮梁景德镇亦是如此。但是无论何人，无论其身处何地，其依然无法割除与国家的联系，家国是一体的。景德镇的父亲的小家不可避免地参与其中。这一年，全国工业会议，整党运动，抗美援朝，土地改革，镇压反革命，城市工作，整党建党、统一战线工作，整风，节约运动，社会主义建设，三大改造……一个新生的中国正在发生巨大的变化，父亲的小家也在国家变化的风起云涌中飘荡。但总的来说，家中依旧是平静的，打破平静的是那婴儿的啼哭声。在欢笑声和孩子的牙牙学语声中，父亲与母亲，祖父与祖母，都幸福着，满足着。父亲沉浸在父亲这一角色带来的喜悦之中，无法自拔了。

从古至今，对于母爱，人们从不吝啬赞美之词。人们常说母爱如水，温柔轻抚，滋润着、养育着万物，而不求回报；水之善流，无形无际，水之所处，无微不至。因此我们将黄河称为我们的“母亲河”。对于父爱，人们会说父爱如山，坚如磐石，雄浑伟岸，山之高昂，令人仰止；父爱是严肃的、刚强的、博大精深的。而我想说的是，父爱也如母爱一样有水一般的温柔。

父亲对哥哥——他的第一个孩子，倾注了他全部的爱，其他家人也都全力关爱着哥哥。我能够想象得到父亲用他那创作陶瓷作品的精巧的双手笨拙地抱着哥哥的样子。因为手法生疏，缺乏经验，父亲肯定要试好久才能让哥哥躺在怀里，然后小心翼翼抱着这如陶瓷般脆弱的新生儿，嘴巴里“嗯嗯”地哼着，哄孩子睡觉。父亲每天下班后都要急急地向家赶，晚上要看着哥哥睡着才放心。

我想，那时的父亲应当是极其幸福的。哥哥慢慢长大，咿咿呀呀地说话，渐渐地可以在地上一个人走路了。我仿佛看到，父亲一天工作回来，看到儿子迈着笨拙的步子，祖母在后面护着。忽然哥哥看到了父亲，便转向踉跄着跑去父亲那里。父亲蹲下，张开双臂，一把抱起跑过来的哥哥，随即便听到哥哥一声“爸爸”叫了出来。一个父亲，第一次听到自己的孩子叫自己“爸爸”，一定会高兴上天的，说不定还要在妻子面前炫耀说自己的儿子会喊自己“爸爸”了，甚至恨不得让所有的邻居和朋友都知道这件事。

这一段时期，家中每天都比较欢乐。我想，这也是父亲一生中最快乐的时光之一了。

但一场变故将这一切粉碎得一干二净，使这个幸福的家庭遭受重创，成为父亲、母亲和祖父、祖母从那会后便再也难以释怀的事。

二　厄运和希望

1954年，3岁的哥哥因感染天花而不幸早夭，这给了全家人沉重的打击。父亲和母亲的第一个孩子就这样早早离去了，离去得这么突然，全家人都难以置信，难以接受。白发人送黑发人，幼儿早夭，父亲切身体会到生命是如此脆弱。前几日还亲昵地叫着自己“爸爸”的活泼可爱的孩子，如今却躺在冰凉的棺材里，没了欢声和笑语，再也感受不到父亲的爱了。

那个年代，医疗条件不是很好，家中又非常贫困，哥哥因病而逝，父亲也无可奈何。但父亲依然非常自责伤心：这是他第一个孩子，而他却没能够将其养育成人。父亲有时会想，倘若多注意一下，或许就能治好。可是谁能预料得到呢？世间又哪有那么多或许，那么多倘若？因为哥哥的离世，全家人陷入悲伤、自责的情绪之中，有时看到哥哥的衣服和玩具，便忍不住泪流满面。在街上和弄子里，一家人看到别人家小孩子，眼睛和鼻子就发酸：如果安华还在，是不是也跟着我上街了？是不是该在弄子里玩闹了？是不是学会调皮捣蛋了？

母亲难以接受这个事实，夜里常常偷偷地抽泣。有时她呆坐在房间里，看着哥哥的旧物，回想哥哥欢笑的记忆，慢慢地，不知道什么时候，眼泪已经打湿了眼眶，不停地往下流，怎么都止不住。母亲变得越来越抑郁，因而得了闭经症。闭经症如果过于严重，可能会女性不育。父亲努力地安慰母亲，排解其心中的抑郁。

祖父同样难以接受孙儿离世的事实。当时已到中年的祖父，身体还算强健，却因为过于悲恸，眼睛一度失明。我的小叔也是在6岁时因为出天花而去世的，因而祖父所受到的打击是非常大的。

哥哥的早夭给这个本就贫困的家庭造成了一次又一次的打击，使这个家庭变得死气沉沉。当时，父亲作为一个新人，远不是后来的美艺大师，没有他法，只有努力工作来赚取医药费，尽力照顾好自己的妻子和父亲。

从大喜到大悲，这个家庭已然到了崩溃的边缘。然而这样的家庭在当时的国家并不少见。新中国成立初期，整个国家一穷二白，生产力低下，许许多多的家庭都在经历着各种各样的苦难，死去的人已经离去，活着的人还得好好活着。我想，哥哥的在天之灵也一定希望父母可以尽力摆脱阴霾，不要因他而过于伤心。可不伤心又怎么可能呢？

无论是谁，无论其拥有什么身份，其在人性面前都是平等的，都一样脆弱。初为人父不过三年，继而丧子。这种痛苦，无论是哪个父亲都难以承受，一个人很可能因此而失去信念，从此颓废，一蹶不振，平庸一生。父亲一开始也心如死灰，可是一旦他也倒下了，妻子和父亲、母亲怎么办呢？父亲将一切痛苦都藏在心里。而这一时期同样锤炼了父亲的心境，使他眼中多了一分稳重，少了一分轻浮。他整个人变得沧桑了许多，并更加努力地投入陶瓷事业当中。因为如果没有一技之长，没有工作收入，这个家恐怕就难以为继了。

直到8年后，一家人才渐渐好转起来，我的姐姐也在这时出生了。

1962年，姐姐王淑凝的出生毫无疑问给这个家打入了一剂强心针，使整个家庭恢复了往日的生气。祖父的眼睛似乎也明亮了很多。而这时的父亲已经30多岁了。

即使如此，家中依然有着淡淡的忧虑：姐姐的到来也加重了这穷困家庭的负担，全家都要靠父亲一人微薄的工资来养活。父亲只好想办法补贴些家用，便和母亲去山上砍些柴火来卖些钱。买柴钱虽少，但聊胜于无。

一次，父亲和母亲早早便到山上砍柴，一边砍柴，一边担心着家里的女儿。父亲很害怕。他已经失去一个孩子了，不敢想象再失去这个女儿他会变成什么样，他怕自己承受不了。父亲正走着神，一时不小心，柴刀直接砍过树枝砍到了自己的腿上。母亲看到了，惊呼一声，急忙走来，撕破布条，缠绕在伤口上，止住不停流出的鲜血。忙着止血的母亲，眼睛已经通红，泛着的泪花眼看就要落下。她用略带抽搐的声音说：“怎么……这么不小心啊……”

父亲轻叹一声，收拾好情绪，连忙安慰母亲，说这点小伤不碍事，自己好得很呢。

生活就这样在穷厄中渐渐熬过了两年。

1964年，我出生了。我的到来，受到了家人更加强烈的关注。中国自古以来，男丁被视为一个家族的传承和延续。这也是为什么哥哥的去世给家人的打击那么大。因为我的到来，家人摆脱了曾经的阴霾，家中气氛愈加欢喜，同时生活也愈加艰难。那时的父亲虽然已经到艺术瓷厂美研室工作，但是工资依然不高。

1966年，我的妹妹王淑明出生了。四年后，也就是1970年，我的小妹王淑媛也出生了。至此，王家第四代已经全部降生了。而这时的父亲已近40岁了，跨入了中年。经历了丧子之痛的父亲，对我们几个孩子爱护有加，珍视我们的健康。父亲本身就非常平和，别人家的父亲都是严父，而我们的父亲是个慈父；别人家的小孩怕自己的爸爸怕得要死，而我们爱自己的爸爸爱得要命。所以我与父亲的感情特别好，父亲基本上对我们没怎么发过脾气，也很少责骂。

王家第四代的诞生，为这个家族掀开了新的篇章。父亲经历二十年磨砺，从一个青窦少年变成了一个成熟男子，在陶瓷创作上也逐渐有了一点成就。一个世家的形成，不是哪一个人的事，重要的是家风的传承和血脉的延续。

王家继续在时代的潮流中起伏，不断地走下去。

三　劫　难

我出生在1964年，“三年困难时期”的影响还未完全消去，那个年代最容易让人感受到的是饥饿。“贫穷”“饥饿”“落后”，这些都是那个时代的代名词。而那时又是“文化大革命”的前夕，在这场“十年浩劫”到来之前，整个家族都毫无准备。

我们遭遇这场浩劫，无疑是不幸的。那时我还只是个幼童，直到浩劫结束时，我也才12岁。那时，我看到红卫兵头戴绿军帽，身穿绿军装，腰扎武装带（用来抽人），臂套红袖章，手握“红宝书”（《毛主席语录》），到处破“四旧”（旧思想、旧文化、旧风俗、旧习惯），什么都可以砸。

1966年5月29日，清华大学附中学生张承志贴了一张“大字报”，所署之名是他的笔名“毛泽东的红色卫兵”，于是各校学生在所贴“大字报”上都署名“红卫兵”。这就是“红卫兵”这一称谓的由来。

“红卫兵”是初中以上学生自发组织的团体，是“中央文革小组”进行“文化大革命”利用的主要工具。从1966年8月18日至11月26日，短短三个多月的时间，毛泽东先后八次在天安门城楼上接见来自全国各地的“红卫兵”共计1300万人，促使“红卫兵”在“革命无罪，造反有理”口号的鼓动下，以“大串联”的方式迅速“红”遍全中国。

那时，“红卫兵”改路名、店名、校名、厂名、公园名、电影院名，直至改人名，凡被认为与“封（封建主义）、资（资产阶级）、修（修正主义）”沾边的，都必须改；接着，“红卫兵”反对奇装异服，烫发、背头、分头用推子推掉，瘦裤腿用剪子剪开，尖头皮鞋用斧子剁掉；再后来，发展到砸教堂、捣庙宇、挖坟墓、烧古迹、抄家、斗“走资派”……可以说是无恶不作。这就是“文化大革命”前期“红卫兵运动”高涨的潮流。那时我还小，经历的事也大多忘记了，待稍长大了之后，才懵懵懂懂地看到了贴得到处都是的大字报，以及各种各样被改得面目全非的名字。随后出现了“四人帮”“造反派”，许许多多的人被批斗、被打倒，许许多多人的家被抄。曾祖父给家族所带来的荣誉，在那时却犹如催命符般，惹得家人惶惶不安，害怕哪一天有人拿这个说事。

当时家里其实十分贫困，稍微有点价值的就只有从曾祖父开始收藏、留下的各种书籍画作和一些陶瓷精品，而这些全都被“造反派”席卷而去，从此大都杳无踪影。直到动乱结束之后，也只有一本由曾祖父、祖父和父亲祖孙三人批读圈点的线装古籍《易经》被还了回来。父亲因此将宅所取名为“还经楼”。

同样，我也感到一丝丝幸运，幸亏我晚生了几年。我如果早出生几年，就有可能参与到“红卫兵”里去，跟着去“破四旧”，砸东西，兴冲冲地跟着别人去抄家，去贴“大字报”，做出一些害人害己的事儿。也许我还会跟着人们坐上免费的火车，远离家乡和朋友、家人，去到北京或其他地方，茫然无措，凭着一腔热血，耽搁了自己的人生；又或许去到某个农村，故乡远在万里之外，回家的机会渺渺无踪。“红卫兵”是一个在可悲时代产生的一个可悲的群体，崇拜的盲目性与巨大的破坏性注定了它的短命。

因此我很庆幸，庆幸那时候我还是一个孩童，无法参与。“红卫兵”可以参加那千古难逢的“全国免费大旅游”，当年有人心里那个恨，恨父母为什么不早生自己一年；之后许多人满是悔恨，一些人也感到满是幸运。我长之后也偶尔听到长辈提起那段时期。在那个疯狂的年代,在那个充满伤痕的年代,许许多多珍贵的事物被破坏殆尽,留下满目疮痍,以悲痛结局。

我经历过那场动乱的后期,看到了许多。而这对我的影响非常大。也许是天意使然,从小受到磨难,让我从外力方面避免了许多浮躁,更易静心。

父亲在那个动乱的年代承受着更大的压力。由于父亲积极参加了市美协活动,加上父亲在陶瓷艺术界的影响,父亲被扣上了“裴多菲俱乐部黑干将”“反动学术权威”的帽子。父亲被迫停止了创作,无法再用笔。接着,“造反派”又到家中来抢夺书和陶瓷,父亲苦求不要毁坏了这些记录陶瓷创作心血的书,可那些人哪里会理父亲,随口应和一下,便尽数拖走了。书被拿到造纸厂造纸去了,陶瓷则被拿到水泥厂造水泥去了。在那时,每个人都自身难保,谁知道明天谁又会遭殃。人人都明哲保身,谁也不愿意替别人触这个霉头。父亲只能眼睁睁看着这些珍贵书籍和陶瓷毁于一旦。

父亲为了这个家,为了祖父母、妻子和四个年幼的孩子,只有忍着,保护我们,使我们不受风雨的侵扰。

四　老　房

当时的景德镇是一个地地道道的江南小镇,北抵观音阁,南到小港嘴,东边以黄泥头为界,向西不过昌江河,若除去东郊地段,如此的城市规模与中华人民共和国成立前的景德镇城区范围相差无几。城市主干道只有三条，东西向的珠山中路与南北向的中华路、中山路构成了一个“土”字形的道路框架，无意中彰显了“草鞋码头”的“土味”。外地人来景游览，仅一个上午便可以走遍整个市区。公交车只有一条到黄泥头的线路，那时的小孩子花 5 分钱坐一趟公共汽车，无异于现在的小孩子到游乐园坐一趟过山车那样快乐。城市向外伸出的道路有三四条，但只有 206 国道是柏油路面的，其余的都是砂石质地的，汽车驶过，后面拖着一条长长的黄色烟尘。如今的景德镇虽然扩大了不少，新建了几个新区，但依然说不上大。

当时的商店也有特色，所有的商店名称读起来都非常响亮，如“红旗”“前进”“跃进”“解放”“光明”，无一不带有时代的特征，且虽多数与瓷厂同名，但当地人绝不会混淆。当时在景德镇，即使是国营商店，也大多使用木板排门——现在一些偏僻的街道仍有少量的留存，那是当时店面的真实写照。如今一些仿古建筑街面上也有许多木板排门，这些木板排门做工之精致，绝非三十年前的可比。当时每到早晚开关门时，噼噼啪啪的门板撞击声不绝于耳。尤其是在清晨，门板撞击声与倒马桶、垃圾时的铃铛声以及卖菜小贩的吆喝声相互混杂，形成了一种独特的城市气息。

那时景德镇最大的国营商店是东方红商场，位于珠山中路最热闹的地段，却经常门可罗雀，货架上的商品屈指可数。服务员闲坐着，男人抽烟，女人打毛钱，只有年长的服务员才会偶尔走过来应付顾客。

小时候，我们住在新村西路的一栋砖木结构的老房子里面。因为此屋是从厂前（御窑厂内）迁移过来的，大量的雕花木梁和石墩被人换掉了，移过来后质量非常差，常常外面下大雨，屋内下小雨，湿漉漉的，所以一到阴雨潮湿的天气，屋内就充斥着一股水汽霉味，靠近墙角的边上和地上还生出绿油油的苔藓。门窗都是木质的，没有玻璃，不透光，冬天寒冷关上门窗，家里就会一片漆黑，阴暗潮湿，故父亲画画时只能半开着木窗，借着透进来的一丝光线进行创作。父亲就是在这样的环境里不停地创作，积累经验。有时风大，忽地刮来一阵风，哗的一声，就将父亲桌上的宣纸连带着瓷器一股脑地全都吹到地上。瓷器砰的一声就碎裂了，破损严重，父母亲十分心疼，却又无可奈何，只有常常多加小心，却又无法避免，只要稍一疏忽便重蹈覆辙。

当时的房子是砖木结构的，窑砖石砌成墙壁，搭着木梁，屋顶上铺着层层青瓦。有一段时间，刘雨岑前辈借住在我家，他们家住了两间房。刘雨岑的儿子刘平的小名叫"艺生"，后来也成了国家级工艺美术大师。

我刚出生时，刘大师的妻子就跑到我父亲的工作室里去报喜，说我的母亲生了个儿子。父亲高兴地随着刘师母回到家中探望，喜悦之情溢于言表。

冬冷春寒时，在老屋里待着是非常难受的。阴雨天气，温度很低，屋子里的空气充斥着冷意，被子总是湿冷湿冷的，叫人晚上只想挤在被窝里，不想动弹。到了春暖时节，阳光明媚，山上山下，田野河道，万物复苏，朝气蓬勃；而我的老房子也是如此，潮湿的天气里，各种霉菌一有机会就噌噌地冒出来，绿藓和苔藓在地上不停地生长，铲掉了一层，过段时间又会长出一层，屋子常有一股霉味儿。房子里有些地方常年阴暗，不透光亮，浸着瘆人的寒气。我向来不敢进去，生怕里面会突然冒出一个鬼怪将我活吃了。非要进去时，我每次仿佛都要冒莫大的风险，心脏突突地跳着，耳朵隐约听得到丝丝鸣声；最后实在受不了了，便拔腿向着光亮的地方跑，并要在光亮的地方待上好一会儿才好。这成为我孩提时最恐怖的记忆。

夏秋热时，潮湿阴凉反而还舒服些，但有时也会异常闷热；而一遇到狂风暴雨，老屋子里就如下小雨般，湿得透透的，因此父亲把这个老房子取名为“潮室”。同时，这老房从清朝到当时的动乱时期，历经风雨磨难，如潮起潮落，用这个“潮”字也有此意。所以父亲在这个老房子里创作的作品都全部题款“画于潮室”。

这老房子里有我的整个童年，也有我对父亲的记忆。这里是父亲待了大半生的地方。

曾经的童年记忆，随着时间的流逝，已经有些模糊了。这个青瓦木房，有着青砖修筑的墙壁，绿苔藓附在墙根，静静地矗在弄子里。周围的房屋也都像它一样，墙上有风雨打磨的痕迹，满是历史的沧桑。弄里民居的独特之处在于建筑材料，它们绝大多数是采用烧窑时的副产品——窑砖堆砌而成。这种窑砖和瓷器同窑烧成，具有很高的强度。那些斑驳陆离的深褐色墙砖，成为景德镇的一大特色。人们在夏天走进这些狭窄的里弄，会感觉特别凉爽。当时的民居多是低矮的平房，二层以上的住房则是木板楼面的。街边里弄随处可见祠堂、古院，它们属于明清或民国时期的历史遗存，由于年代久远，显得陈旧而破落。那时，全市最气派、最高的建筑是景德镇饭店，上下共七层，是钢筋混凝土结构的。

窄窄的弄子里，环境幽暗闭塞，一座古院里常常挤住着四五户人家，大家共享着一个厅堂。人们在这弄子里生活，吃饭时相互闻香，打开门就能看到对面的人家。弄子里常有小道分隔人们的房屋。小道是人们的公共空间，大家可以在这条弄子里洗衣服、洗头、洗澡，吃饭时端着碗出来一起在这小道上聊天。

小道很窄，显得很拥挤，人们洗衣洗碗就占一小片。这边放点东西，那边搭石台子，留给人们走路的空间就不多了，应此弄子里常常响起人们的让路请求声。

居民们没事时，都爱在这小道边闲聊、打趣，打发时间，所以你常能看到一群人站在小道的两旁，谈着家长里短，八卦着弄子里的新鲜事，还有隔壁弄子里面的“大事”，总之不过是哪家生孩子了，谁要结婚了，谁有多少粮票，哪边有猪肉分……我小时候常常看到爷爷奶奶跟邻居的叔叔阿姨以及其他的老爷爷老奶奶在那谈谈这、说说那。我们一群小孩子则在这弄子的小道上追追打打，玩小孩子的游戏。

景德镇的弄子里，道子又窄又小，岔路又多，纵横交错，毫无规律。有的地方，从这一头到另一头，直线距离不过一两米，但是要走十几条岔路，每条分支又有自己的分支。要是一个生人来这里，不出一会儿就要迷路，可能连进来的口子也找不到了，迷迷糊糊的，分不清楚东南西北。这时只有选一个道子，一路走到底，才能走出这个迷宫般的弄子。但出来后，你又很可能会不知道自己到了哪里。我听人家说，这些弄子建成这样，是因为抗日战争时期要防御日军，圈圈绕绕的，日本鬼子迷路找不着人，老百姓则可以赶紧溜走。虽然我不知道这种说法的真假，但是这弄子给小孩子用来打闹、捉迷藏确实是非常不错的。一群小孩子从这一头跑到另一天，家长们时常提醒一声“别摔着了”，随即又自顾自找人聊天去了。直到要吃饭了，或者天太晚了，家长才向弄子里喊孩子的名字，将孩子一个个叫回家去吃饭睡觉。

景德镇的里弄，绝大多数都有一些故事或传说，还有不少很有特色的地名。这些地名中，许多都形象地体现了景德镇的特点和市民的美好愿望，已经成为市民饭后茶余的谈资。人们随便走进一条里弄，往往就能看到许多高大气派的徽派建筑，这些建筑的原主人通常是景德镇昔日著名的窑户老板。他们大多来自外地，靠自己的奋斗在景德镇有了自己的事业。他们的住宅比较有特点，虽然采用了徽派建筑的结构，但在屋内的装饰和一些细节上比其他民居要讲究得多。这里的每一块砖、每一片瓦都有自己的特色。

如今，景德镇进行新区建设，许多老房子由于年久失修，不符合城市化建设要求，要被全部拆除，其地将被用于新建房区。许多曾经的弄子、小道全都消失了，想重温一下记忆也无法故地重游了，这不得不说是一大憾事。

五　记　忆

每天早上，父亲总是早早起来去买菜和一些生活用品。那时的菜市场不如现在整洁有序，人特别多，又都不排队，买菜什么的是需要挤着买的。父亲每次总是早早就出了门，但又总是比别人晚回来。

父亲由于当时在艺术瓷厂美研室工作，常常出差写生和参观学习，有时在外时间很长。当时没有电话，异地联系全靠书信往来，有时候他出差回来数天后，我们才接到他从出差地寄给家里的信。

父亲不在家时，我非常思念他，常常问母亲他们父亲什么时候回来，母亲他们总说快了快了，过几天就回来了。这时最让我开心的，就是收到父亲寄回来的信。我很喜欢通过信看看父亲在干什么，看信上父亲问候我们最近怎么样。有时我还在弄子里和童年的伙伴玩闹，就看到父亲瘦瘦的身影。他穿着深蓝衣服，提着行礼，从小道那头慢慢走来。我便欣喜地跑过去，叫道："爸爸，你回来了！"

"欸！安安，爸爸回来了。"

然后，我便和爸爸一起回家。还没有进门，我便大声喊"爸爸回来了！"好让爷爷奶奶、姐姐妹妹们还有母亲都知道。

在我小的时候，奶奶体弱多病，很多时候只能坐在摇椅上。每次出差回来后，父亲都会先陪伴在奶奶的旁边。奶奶的耳朵不好，父亲就贴着奶奶的耳朵和她讲他出差的事情。有的时候，他更是双腿跪在奶奶的旁边和奶奶讲。父亲每次回来的时候总是会给我们姐妹带一些泡泡糖，给爷爷奶奶也带上一些东西，所以我对这件事情记忆颇为深刻。

在我小的时候，家里有一块祖传的墨，是我的曾祖父王昌斌传下来的。曾祖父担任督陶官时去京城，皇帝觉得曾祖父工作认真负责又十分辛苦，便赐了一块自己平时用的墨给曾祖父。那块墨一直传到我父亲这代。父亲十分珍惜这块墨，从来不敢拿来作画或是写字。那时大家相信，这种好墨只要吃上一点就可以治百病。父亲便在左邻右舍有人得了什么疑难杂症的时候拿出来这块墨，给那个人吃上一点。神奇的是，吃了墨的人的病往往在第二天便好转了。那块墨一直传到我这代还有一小块，至今还存放在我家中。

20世纪70年代可以说是我们家最穷困的时候了。为了养家糊口，不得已，父亲与爷爷商量着把两个祖传的红木架子给卖了，卖给了当时的胜利瓷厂。胜利瓷厂是当时一个区办的大集体，是以每只12块的价格买下的。在卖之前爷爷还抚摸了那两个架子良久，一边摸一边还小声地念叨着什么。从父亲小时候开始，那两个架子就在那了，它们承载了我们的许多回忆，见证了这个家过往的种种喜悦。关键是，那两个架子离去后，家中已经没有多少能让人回思过去的物品了。

那时，家里的腌酸菜是我们一家的佳肴。在那个年代，普通人家也只是在节日里才偶尔有机会吃到一点肉，平常一般是吃不到的。那时母亲工作的工厂周围有许多菜农种白菜，当时 10 块钱可以买一大板车的青菜。父亲与母亲向周围邻居借了一辆板车到那里去买了一车青菜，买回来以后用竹床平凉、晒干，然后把食盐放到青菜里，再用手去搓，直到把水搓出来，最后将青菜密封到陶罐里面，十多天以后再取出来。这就是我们平时吃饭时下饭的佳肴了，虽然没有一丝油，但拌饭吃起来却十分好吃。即使是现在，想来也还是蛮香的。

回想起那时，挨饿是常有的事。我曾经听老人讲过一个有趣的现象。从古至今，每逢红白喜事，有能力的话一般人都会尽量大操大办一下。在那时，家境稍微殷实的人都会如此。邻里乡亲去红白喜事上吃饭，许多人不管上的是什么菜，先吃两大碗白饭再说，因为饿呀，饭垫饱呀；因为你如果不先吃饭，那一桶饭过会儿就没了。所以许多人到了之后，都是先拼命抢饭的。

我小时候没有什么娱乐活动，也不像现在的小孩子有这么多玩具可玩，更没有电视、计算机、手机，除了在家里和姐姐妹妹打闹、看书，就是和童年玩伴在弄子里玩游戏，偶尔会去昌江那边，或是到莲花塘里玩玩水，扔扔瓷饼。有时候，我在其他孩子的带领下东走走西串串，一天的时间就这样打发了。

有时我和姐姐妹妹会去母亲工作的瓷厂里帮帮忙。母亲工作时手不离磨钵，颜料在她手上被磨得格外细嫩。她给玻璃白瓷器表面上的牡丹花填色，瓷器通体透亮，牡丹花犹如在光合作用下产生渐变效果，颜色过渡十分自然。在那里，工人打胚、做瓷胎、上色调料……这一切都吸引着我们，我们也就渐渐地产生了对陶瓷浓浓的兴趣和归属感。也许这是潜伏在我们血脉中的对于陶瓷的情感。

偶尔有机会,我们还能够到艺术瓷厂美术研究所看父亲和许多大师工作,这对我们的学习和兴趣的提升有很大的影响。

小时候,我偶尔会和母亲去看望外公外婆,路远,也算得上是一场小旅行。在路上,我看着形形色色的人群,感觉城内的喧嚣与城外的宁静被隔开了。城外有着绿水青山,轻风用白云在蓝天纸卷上作画,用太阳给染上色彩:明亮的金色,娇艳的红色,深沉的青色,组成一幅画卷。

有时在家,我也在画室里看父亲在书桌上作画。我静静地站在父亲身后,面对他瘦弱的身影,看他咬咬手指,随后拿起毛笔,慢慢地画着。

我的童年生活就这样慢慢地过去了。那时,由于"文革",许多学校都停课了,小学教育常常敷衍了事,在学校中学不了多少东西。"文革"结束之前,全靠我的祖父祖母、父亲母亲,我们才得以继续读书认字、学诗作画、学做陶瓷。正因如此,我和姐姐妹妹们打下了良好的基础。

六　我的家庭教育

家庭教育对一个人的影响是非常大的,这种影响不仅在于传授知识,更重要的是良好的家庭文化氛围有利于个体养成良好的习惯、形成良好的性格、培养高尚的品德以及树立正确的人生观、世界观,自古以来都是如此。因此,常有人说从一个人日常的行为习惯可以一窥此人的品德修养和其家教家风。虽然说人的教养不一定与家庭教育有直接的联系，如有些人出身贫寒，其家亦非书香门第，可其知书达礼，一举一动，处处得体，而有些家庭殷实富裕，孩儿却粗鲁不堪，但是家庭教育必定是重要影响因素之一。不可否认的是，知识程度越高的家庭越注重对孩子的培养，从有着良好家风的家族中走出来的孩子往往更懂礼节。

我家亦是如此。“文革”期间我家的家庭教育，启蒙了我们这四个孩子，教授了我们许多知识，对我们未来的人生选择产生了深远的影响。

祖父王庭芳是我们文化知识学习的启蒙老师，也是我们陶瓷创作上的启蒙老师。祖父早年毕业于饶州府的省立窑业学校——这是景德镇陶瓷学院的前身，是中国最早的也是当时唯一的陶瓷专业学校，继而又就读于上海美专。祖父在陶瓷书画创作上主攻工兼写的花鸟及书法。他在古典文学方面造诣高深，在民国时期就出版了《鲑丹诗褂》和《使芳散力》，可惜这些书在“文革”期间由于被抄家而散失。他的书法功底，尤其是楷书及隶书功底深厚。从1949年至他逝世，他一直在从事陶瓷美术和瓷上书法的创作工作。祖父喜爱美术，能书善画，对海派画家风范颇有研究，早期受到了任伯年、吴昌硕等海派画家的影响，后又研习了扬州八怪的画风。

因此我们从小就开始接触中国古代传统文学，熟读许多古典文学作品，特别是诗词作品，并且从小就开始学习书法、中国画、陶瓷创作等。我小时候，祖父就教我写小楷、练毛笔字、打算盘，父亲则每天带我去莲花塘晨练。

祖父教育我时并不是循规蹈矩、一板一眼地灌输，而是用他自己的生活和创作经验对我进行浸染。他在生活中一点一点地指导，将他自己在书画和陶瓷创作上的经验和知识传授给我，并时常通过观看我的作品，提出他对于我作品的意见，来给我提供参考。他常常让我自己结合一下他的意见，再去重新看一下自己的作品。

在进入陶瓷学院进行了系统的理论学习之后，我发现，祖父和父亲对我们的教育与学校的教育有很大的不同，尤其是在艺术教育领域。学校的教育，由于受师资力量的限制，一个老师要教授十几个甚至上百个学生，没有充沛的精力照顾所有的学生，无法做好一对一教授；同时受课堂和时间的限制，老师与学生在一起的时间并不是非常多。这样的教育就常常需要学生自己去琢磨、理解，因为老师无法做到时常指点。但这也可以锻炼学生的自主性，让学生走出自己的风格，尽管学生有时会走入弯路、错路而不自知。学校主要对学生进行全面性、系统性的教育，教授的知识大多是理论性知识，从艺术创作到艺术史，方方面面都会涉及一些。因此，学校教授的知识常常全而广。现在有些人批评学校犹如机器，不停地工作，生产出的是一批又一批的画匠，水平差不多，到现在还未出几个大师级人物，且这些画匠画出的作品千篇一律。虽然这种看法有失偏颇，但不可否认的是，这也确实是如今学校的通病：学生多了，学校也多了，而真正的人才却没有出几个。如今也有许多有识之士开始反思学校的这种教育方式。我们不否认学校教育有其长处，同时也要承认学校教育的不足。

祖父和父亲对我的教育，就犹如曾经的拜师学艺，只不过他们除了是我的老师，还是我的爷爷和父亲。在这种师徒关系的教育中，徒弟每天都有很多时间和师父相处，可以时常接受师父的指点，每当学习走入歧途，或遇到什么难点，都可以及时得到师父的指导和纠正；师父则能够及时掌握学生的学习状况，随时调整教授进度。并且，师父的时刻监督对学生有警醒作用，迫于压力，徒弟会更加刻苦。徒弟和师父朝夕相处，因而有机会观看师父创作的过程，有机会得到师父的作品进行近距离观摩，并且得到师父的直接讲解；师父平常也传授他自己总结的经验给徒弟。所以，通过这种师徒关系的教育，徒弟能够更多地学习到师父的技艺，更多地汲取经验，少走很多弯路，因而进步也是非常快的。特别是如果师父在某一方面非常擅长，那么徒弟在这方面的进步就会特别明显，乃至完全习得师父的艺术创作风格。所以师徒教育往往能使徒弟在某一方面非常出色，甚至青出于蓝而胜于蓝。这种教育教导出来的徒弟常常专而精。

但这并不代表师徒教育没有缺点，如当师父自身对某一方面的认识有错误但自己又没有发现，那么这一错误就很可能会被学生学习、继承了去，甚至被一直传下去，因为，在师徒关系的教育中，师父的威严不是学校老师可比的，徒弟基本不敢反对师父，很多做徒弟的甚至从来都没有过这种念头，也很少去质疑师父。所以我们常常可以看到，一个师父的作品有怎样的缺点，他徒弟的作品就有什么缺点。同时，徒弟受限于师父的风格，难以走出去，很难形成自己独特的风格，也会导致徒弟的作品和师父的作品过于相似。因为徒弟在师父擅长的领域进步极快，会加大力度学习，又不愿意割舍，一旦定型，就会受限于此，进而不得，退之不甘。走出一条自己的路多么困难啊！祖父和父亲也注意到了这一点，因此对我进行教育非常小心，常常让我学习其他大师，学习不同类型的风格，而不是仅仅局限于他们，并教育我最好是能够融会贯通，打造一种新的风格。

父亲不止一次地告诫我，学艺术绝对不能师古人而像古人，要超出古人。他说景德镇好多个有突出艺术才华的艺术家学习的都是前辈高人的东西，但创作时加入了他们自己的认识，所以风格变了，手法变了，形式也变了，色彩和所呈现出来的作品给人们的感觉自然也就变了，让人耳目一新，这是非常好的；但非常遗憾的是，也有许多人犯了错，许多艺术家的子孙沿袭长辈的创作形式，无论是绘画还是装饰，无论是书法还是简单题款，都与长辈的作品非常相似，这其实非常不好，他们虽然做到了继承，但并不利于艺术的发展，只有做到多样，各种风格相互碰撞、相互融合，只有百花齐放、百家争鸣，艺术这条河流才有活水源泉涌进去，才能永不停息，永不干涸。因此，我父亲写苏东坡、沙孟海，我则写黄庭坚、《泰山金刚经》；他学任伯年、吴昌硕，我则学刘旦宅、敦煌等的装饰性的绘画。父亲多次表扬我，觉得我的这种“错位发展”是正确的。

父亲还常说，在艺术创作中“眼高手低”并不是坏事，甚至眼光必须高，要站在一个制高点，绝对不能成为鼠目寸光的井底之蛙，眼光高了，手艺才会慢慢提高，眼光要是不高，手艺是很难提高的。一个人要有一个目标，有一个前进的方向，只有这样才有向前的动力。“眼高”就是定这样一个目标：一座高塔矗立在前方，我们向着高塔前进，不要因路上的美景、小小成就而沾沾自喜、不思进取；当站在高塔之上，我们才可以看到更加壮丽的景色。一个人因为“眼高”，所以才能清楚地认识到自己的不足，认识到自己还有很多需要学习的地方。

记得我小时候，祖父一有机会就会指导我们。一天，天空放晴，橘色阳光透过家旁大树照射下来，树的影子印在墙上。祖父似乎也因为这晴天，心情非常好，欣欣地带我看树影，仔细观察树影的疏密斜正，浓淡变化，接着又带我将这棵树的树影和其他树的树影进行比较。祖父就这样带着我一边看树影，一边给我讲解。这种将理论与实践相结合的教育方式，非常生动、直观。所以，要想让学生理解一些抽象化的东西，可以通过实践中的例子来将其具象化，从而让学生更加容易、更加充分地去理解和学习。

所以，从事专业艺术教育后，我自己也明白了该教给学生什么，该怎么教。艺术教育，最关键的是让人获得生命体验，而不是脱离生命，人为地抽象出一些教条让学生死记硬背、生搬硬套，很多知识不是仅仅在课堂上口头讲解就能让学生接受的。现在，课堂上有了播放器，可以播放图片、视频，可这毕竟不是切身的感受。艺术教育，需要的是鲜活的例子，要让学生到鲜活的例子中去感受，去产生自己的想法，再把理论放到例子中去印证。我们可以播放鲜花视频，却不能播放出鲜花散发的花香，不能展示出阳光照射在花瓣、叶子上，轻风吹过时引起的斑驳的感觉，不能真切地播放出风吹过耳边时轻微的沙沙声。艺术，就是人与自然，缺一不可。只有将学生放到自然里，学生才能更好地学习、进步。

在我小的时候，我的祖母也常常承担起教导我们的任务。祖母甘金娇是民国时期景德镇大户人家的千金小姐，她的父亲甘源太是当时景德镇最大的漆木行的大老板。祖母备受曾外祖父的疼爱，从小就接受正规的教育，本身文化程度和艺术鉴赏能力都很高。嫁给祖父之后，耳濡目染，又阅读了家中的藏书，再加上祖父的指导，祖母的艺术水平和鉴赏能力都得到了很大提高。她来教导我们几个小孩是绰绰有余的，经常教我背诵唐诗宋词。那时，我经常看到祖母戴着近视眼镜在灯下看书，便跑过去看祖母在看什么。有时祖母便将我抱在怀里，拉过书来给我看，给我讲解书中的人物情节，偶尔给我讲一些小故事，有时候也考考我背诗之类的。祖母很喜欢《红楼梦》和张恨水的小说。张恨水的小说是通俗小说，很受妇女们的欢迎。曾经有人问鲁迅先生的母亲喜不喜欢自己儿子鲁迅先生写的文章，她说："不喜欢。"那人又问她喜欢谁的作品。她回答："张恨水的《金粉世家》就很不错，我很喜欢。"我的祖母亦是如此，未能免俗。

因此我家的艺术氛围是非常浓郁的，浸润其中，我的成长自然是好的，而且我也常常实践，想尝试一下创作。除了祖父、父亲言传身教，我还时常得到他们的朋友或学生，甚至是他们认识的某位大师的指导。从不同人的角度出发，能够使我发现自身的很多问题，进而进行纠正，取得更大的进步。其实，和这些前辈大师一起干活和聊天本身就是很好的学习，能够使我汲取到很多的营养。更为最关键的是，这种指导和交流渐渐形成了一种艺术的氛围，在这种艺术氛围中，我潜移默化地受到了他们的技艺和气质的影响和熏陶，在不知不觉中取得了进步。

祖父和父亲，除了教授我这些知识，更将道德教育、做人的道理通过生活的点点滴滴教给我们，让我们自己领会。一路走来，这个家经历了这么多的风雨，祖父和父亲看透了许多。他们常说，一个人应该以德立身，一个有德行的人无论走到哪里都会受人尊重，只有明白了做人的道理，我们才能更好地在这个世界中生存下去。

父亲非常注重培养我们的传统美德，如尊敬老师、友爱同学、孝敬父母。父亲本身就非常孝顺，是周边出名的孝子，受到很多人的赞扬。父亲的以身作则，深深地影响了我们这几个儿女。

时间渐渐地过去，"文革"结束之后，初高中和大学都逐渐恢复了教学。我也就上了初中、高中。在初高中期间，除了学习学校的课程，我依然坚持画作，对艺术保持着热情。

1980 年，我高中毕业，参加高考，没能够如愿考上大学。父母亲十分着急,因为当时没上大学就意味着要上山下乡去锻炼。虽然父母亲除了安慰我说没有关系,其他什么也没说,但我心里十分内疚,觉得愧对父母亲的教导和希望。受此打击,在很长一段时间里,我的意志都十分消沉。

记得一个周末,我和朋友去光明电影院看电影,想借此散散心中的悲愁。在路上,我忽然看到一则景德镇陶瓷历史博物馆的招录启事,启事中说要招录一名书法方面的人才。我立即眼睛一亮,意识到这对我来讲是一次机遇,心中的斗志又被点燃了。于是我电影也不看了,火急火燎赶回家去取报考所需的户口本和照片。记得我当时一摸口袋,脑袋一愣,心中暗呼一声“糟了”,因为我没带钥匙。我只好翻墙进入家里,拿上要带东西,然后又急急忙忙跑到父亲当时的单位七二一大学,向父亲要五元钱。当时的五元钱是蛮大的数字,足够一个成年人半个月生活开支。父亲不解地问我要五元钱何用,我说报考陶瓷历史博物馆,父亲于是蛮高兴地给了我,并且鼓励我,给我打气加油。幸运的是,在近百人参与的考试中,我以第一名的成绩被录取了。在当时,考入一个国有事业单位是很不容易的。父亲高兴地到亲朋好友那里奔走相告,母亲也乐开了花,整个七二一大学都知道父亲的儿子有出息了。

我顿时感觉心中一松,心想总算对得起父亲母亲、对得起祖父祖母了。我没有让他们失望,于是更加发愤图强。

一年后,我考入景德镇陶瓷学院,得到了系统进行专业学习的机会。全面的理论学习,相比于在“黑夜中”暗自摸索,大大缩短了探索的过程;前贤积累的宝贵经验更是助我一臂之力,让我迅速成长。求学前的感性认识,学习中的理性提升,学成后回到艺术瓷厂美研所,这种从实践到理论又从理论到实践的历程，这种从陶瓷起步到各种综合艺术再回到陶瓷专业的探索，让我对家族的陶瓷文脉传承有了更深刻、更广阔的认知。同时，在祖辈诗书礼义家风的影响下，我对诗、书、画、印均有涉猎，旁及文学、历史、哲学、宗教等，开坝引流，或可泛起小小的浪花，稍许拓宽、延展家族的瓷艺长河。

30多年的陶瓷创作历程，不过弹指一挥间。然而，从我个人心路历程的角度来说，这经历却是波澜起伏、回环曲折的。家族的光环是荣耀，也是局限；历史的积淀是财富，也是负担。让这条传统的大河吸纳更多的新生事物，让这条大河充满生机、流淌得更为宽广，是处于新时代的我的使命和责任，也是远在天国的父亲和祖辈对我的冀望。

30多年的创作体悟，我归结为一个字，那就是“道”。“道”法自然，而生万物。中国人在5000多年的漫长的文明历程中发展了有独特个性的民族精神，形成了自己的审美意识，尤以温柔敦厚的美学体系和以营造意境为主的美学风格著称于世。但是“道”并不是封闭自足的哲学范畴，本质上和西方的“逻各斯”是相通的，都是对世界本质的虽然混沌但又确实是宏观的揭示。中西艺术互相渗透沟通，同时保持各自的个性，并不互相替代。这就像世界上的大河大川，各循其道，交叉沟通，奔腾不息，各自独立存在，并生不悖。

我们应该摆正艺术与人生的关系。与艺术相比，人生才是最根本、最重要的。艺术只是人生的派生物，我们首先要做有价值的人，艺术只有在能够反映人的价值时，才有价值。孔子的“仁爱”“自强不息”、孟子的“养气”、老子的“虚静”以及庄子的“洒脱”中，都蕴含着我们做人、做事的道理，画画的人也应懂得此理。

有些人在艺术上有一套，而其人品不佳，其艺术也就不得流传，不被后人佩服,原因也在这里。宋四家苏、黄、米、蔡,很多人说其中本有蔡京,但由于蔡京是个坏人,便由一个名气并不大的蔡襄替之。

中国人总是把人品与技术、艺术相提并论。这种人品与画品、书品、文品的统一论,是中国文艺批评史的可贵传统,也是中国人对艺术本质深刻理解的体现。古人有“艺者,德之华”之说,就是一要求技艺之长进,二要求道德、人格之建立。投机取巧,以一时的名利为重,甚至通过搞艺术去达到别的什么目的,是绝对做不好学问的。

艺术,在真正的艺术家眼中,是浩瀚的大海,需要毕生努力和探索,而且是永远达不到“顶峰”和“彼岸”的事业。而在一些浅薄的艺术家眼里,艺术是一条清澈的小溪,他们在那里嬉戏,捕捉一只蜗牛,捡到几个石子,或者是捡几块青花瓷片,就以为主宰了艺术,掌握了艺术的全部。这不只是一种对艺术的误解,实质上是对人生的无知。

因而,学书、学画、学陶瓷,绝非只是学书画之法度、学笔墨、学色釉的窑变,这些只是传统的一个部分,而不是全部。除了这法度、笔墨、窑变技巧,公德、思想、意境、艺术观、创作方法、表现手段,都是需要我们全身心地努力学习的。

中国画,过去有文人画与匠人画之分,而现在,已经合二为一了。这要求作画者既要有匠人画之功力,刻画求精,也要有文人画的气韵,画作超逸入神,诗意盎然,讲求诗、书、画、印的结合。过去许多书法家都是文学家、诗人。唐代有名的书法家中,许多都是著名的诗人,并不是只会写几个字。离开了情感的表现,离开了艺术内容与形式的统一,只是把几个字摆得端正,与印刷机又有什么区别?画学也是如此,学来的熟练算不得艺术,艺术的重复等于零。

一个画家,就应该是一个学者、一个诗人,要有全面的修养。西洋画画的是感觉，中国画画的是修养；西洋画重外在感受，讲科学性，中国画注重内在的修养，讲哲理性；西洋画重模拟自然，中国画重抒写性灵。这就决定了中国画对全面修养的要求。陶瓷创作同样也是这个道理，且更需要创作者全方位、多角度地进行创作。父亲多次跟我谈到，一件优秀的作品，除了装饰性、绘画性，还需要工艺性。这里的工艺性包括对陶瓷颜料矿物质的发色、烧成温度以及多种原料之间的化学成分在1800℃的变化，如在氧化气氛中呈现何种颜色，在还原气氛中又呈现何种色彩。此外，我父亲还提到，陶瓷创作必须注意一件瓶体或一只薄胎碗在绘画设计中多角度的欣赏面，最好是从每一个方位看过去都是正面的效果，转动器形时，要面面都是正面，“面面俱到”才是最佳效果。

七　父亲与祖父

父亲和祖父的父子关系非常好，父亲作为祖父的独子，从小便受到祖父很好的照顾。长大后，父亲又一个人承担起了整个家的重任。

我小时候常看见父亲和祖父两个人在一起有说有笑的。我们家从来没有过什么大的矛盾，周围的邻居朋友也都说我们家非常和睦。父亲从小到大都不想让祖父失望，父亲确实做到了，祖父也一直很欣慰。

有一次祖父生病了，父亲心急如焚，急忙请来老中医李乐启先生。由于家中光线昏暗，医生很难进行诊治（中医讲究望、闻、问、切），父亲十分着急，便用家里的普通剪刀剪断串灯的电线，想把电线接到里屋来。由于内心十分着急，父亲一不小心便剪在了220V的电线上，那把剪刀当场就出了三个缺口，父亲更是全身麻木，摔倒在地上。幸亏电表有保险丝，造成了短路，保险丝熔断开来，救了父亲一命。那把剪刀直到现在依旧存放在我们家中。

记得我那时候，我还在读小学，家里的条件还很艰苦。有一次，父亲的一个老总朋友送了父亲一张手表票。父亲很高兴，因为在那个物资匮乏的年代，许多东西都需要凭票供应，这是个老生常谈的事情，但凭票供应确是很多人对那个贫苦年代最深刻的记忆。许多人回忆起那个年代，都感触颇多。手表这种现在稀松平常的东西，在过去却是难得一见的稀罕物，没有手表票，有钱也买不到。在那个物资匮乏的年代，手表、缝纫机、自行车可是中国人结婚讲究的三大件。因此，这张手表票很珍贵。但这张手表票对于当时的父亲来说是喜也是忧，显得很鸡肋。

因为父亲没有钱，一家八口人全靠父亲一个人每月几十块钱的工资撑着，根本就没有多余的钱去买手表。父亲回家后一开始还很高兴地跟家里人说着，后来高兴劲一过，冷静下来，便有些意兴阑珊了。随后，父亲便把手表票拿到柜子里放好，想着哪天送给别人，或者拿去跟别人换些其他的票，抑或换些钱改善一下家里的生活也是可以的，虽然很不舍，但也没有什么办法。祖父看了，什么也没说。

过了一两天，祖父叫父亲去买块手表，说着便拿出60块钱，这是祖父存了十几年的钱。祖父对父亲说，你都已经40多岁了，现在也算小有名气了，却连块表也没有。现在既然有这么个机会，何不就买一块表？我老了，从你成家时候开始也没有送过东西给你。父亲想拒绝，祖父却一再坚持。这时祖母也劝父亲去买块表。

于是父亲只好收好钱去买表。那是块庐山牌的手表，也是父亲的第一块手表。当时上海表是120块钱一块，而庐山表是60块钱一块，性价比比较高，所以很受市民欢迎，当时在全国名气都算挺大的。我依稀记得庐山牌手表曾经被拿到向塘机场的直升机上做高空试验，人们将手表从空中掷到地面，手表居然没被摔坏。父亲非常爱护这块表，平常几乎不戴，生怕磕磕碰碰弄坏了；又因为手表带是用钢做的，父亲害怕戴多了沾了水和汗渍会生锈。父亲平时都是用白手绢小心翼翼将表包好放在包里面的。这表对于父亲来说，远不是一块普通的手表那样简单。

没过多久，父亲提着那放有手表的包去买菜。当年的菜市场远比现在的拥挤混乱得多，凭票供应，什么菜都要票。人们都是抢着买的，谁都想先一步买到菜，因为越到后面，剩下的菜就越不新鲜，就越不好，到最后也就没得挑了。

父亲就像往常一样，在人群中挤来挤去地买菜。走着走着，父亲感觉到有一点异样。父亲赶紧一摸包，顿时心里凉了半截：手表不见了。父亲便慌了，整个人急得要命。父亲突然想到之前有两个人撞了他，就反应过来了，那两个人肯定是扒手。父亲便急忙回头向后找去。我那时候还小，隐隐约约听父亲他们讲，好像有一个扒手被抓到派出所里去了，但是手表最后还是没有找回来——那个扒手是老手了，死咬着不松口，手表又容易出手，也没找到证据，只能不了了之了。父亲的第一块手表就这样没了。

可是对于父亲来说，事情远没有结束。父亲一直很懊悔，祖父则安慰父亲不要太纠结这事了，手表丢了就丢了，几十块钱可惜了就可惜了，没有关系的。

其实父亲并不在意那些钱，他在意的是，那表示祖父用他自己的积蓄给父亲买的，那块手表承载了太多的情感。之后的两三年，父亲一直因这件事而纠结，常常郁郁不乐，也不愿和别人说话。

祖母去世之后，父亲便更加照顾、更加关心祖父了，在祖父面前总是笑脸相迎。有一次，祖父看着墙上祖母的遗照，不由自主地哭了。父亲赶忙过去拿下遗照，然后陪在祖父旁边，拍着祖父的后背，还不停地劝着祖父。

那时的我还有些懵懂，待我长大了，我才渐渐明白，父亲是一个害怕失去的人，父亲弟弟和我哥哥的过早离世给父亲的内心造成了很大的阴影。父亲见证了太多死亡，非常害怕亲人的离去，在亲情面前，父亲表现得非常柔弱；并且祖父年纪大了，那块手表对于父亲来说包含了太多的意义。

1981 年，祖父去世，这更让父亲伤心了好一段日子，全家都很悲痛。祖父去世时才 73 岁，他后半生过得很艰难，经历过太多的痛苦，也品尝了许多的喜悦。祖父去世时并没有太多的遗憾，父亲却很愧疚没有让祖父过上富足的日子。父亲年轻时，名气小，工资微薄，之后的十年“文革”又让祖父担惊受怕，惶惶度日，没过上几天安稳日子。终于，好不容易进入改革开放时期，虽然依然不富裕，但总算能够安稳过日，生活渐渐有了起色。父亲因为工作的关系，把大部分时间都用在了工作上，还要教导我们四个子女，与祖父相处的时间也就少了很多。这也是一直困扰着许多家庭的问题——子女要工作养家，却没有多少时间陪家人。对于在祖父最后的几年里没有好好陪他，没有好好地尽孝道，父亲感到非常愧疚。很多时候，人们在失去后才懊悔不已，但一切都太晚了。

可没想到祖父去得这么早。祖父刚去世的那几天，父亲和我们常常会梦到祖父的身影。父亲会在半夜惊醒，伏在母亲怀里痛哭。

那时，我已经长大了。也就是在那时，我第一次如此深刻地体会到自己深爱的人离去时的悲伤。祖父刚去世的那几天，我梦见祖父，梦见祖父依然在笑，在晒着太阳，瘦瘦的身躯在梦里拉出一道长长的影子。我也能够理解父亲心中的痛楚，能够体会到死亡的无情，能够感受到人在面对死亡时的无力感。我最害怕一个人的时间突然静止，因为我们永远不知道那一刻什么时候来临，却总是在来临的那一刻崩溃。

父亲在祖母离世之后的时光里，花了更多的时间来陪伴祖父。那时，父亲在家的时间明显多了起来，他常常陪伴在祖父的身边。有时，他和母亲也会陪着祖父出去一起散步走动，到处逛逛。父亲也常常叮嘱我们四个子女，平常不要总顾着自己玩乐，要多花点时间陪陪祖父，帮忙做点事。对于祖父来说，有人陪着便是最大的快乐。可是生活不可能一直这么下去，生命总有终结的一天。这是人生最痛苦、最无奈的阶段。

在祖母过世 3 年之后的 1981 年，祖父也离世了。从此，这个世界最爱父亲的两人都离开了父亲。父亲陷入了长久的沉默。父亲很爱护亲人，也因此而受伤颇深。祖父祖母的相继离世，给父亲带来了很大的打击，直到很久之后父亲才从悲伤的情绪中走出来。这个家，是父亲的全部。在那之后，父亲对我们看得更重、爱得更深了。父亲对母亲愈是如此。

八　父亲与母亲

父亲这一路走来，经历了许多伤心事，为了这个家，承受了太多太多。他在夜里独坐桌前之时，总有一道倩影为他沏一杯茶，然后静静地站在他的背后。在他意志黯淡之时，那一道倩影总会用她柔和的话语，给予他呵护、安慰；用一股温暖的柔流，抚平他心中的伤口，给予他支持。那一道倩影，就是我的母亲夏胜兰。一直以来，母亲都陪伴在父亲的身边，两人相濡以沫，相互扶持，跨过了一道又一道难坎。即使生活再艰难，两人的双手也未分开，依然紧紧地牵着一起，共同迎接苦难。

父亲与母亲

父亲和母亲的感情非常深厚，我从小到大，基本上没有见过父亲和母亲会因为什么事而争吵。两人从在一起开始，就恩爱非常，羡煞旁人。也正因为如此，在母亲去世之后，父亲常常像丢了魂一样，总感觉身边空荡荡的，自己似乎也不再完整了，有什么东西丢了，再也找不回来了。那时的父亲，身体和精神也大不如前了。他郁郁寡欢，常坐在一个地方发呆。

当初，年轻的父亲在刚认识瓷厂里同样年轻的母亲时，恐怕也想不到这个女人会与他相伴一生。两个人长期共事，有共同语言，终于在萌动不安的青春年华相知相爱，迸发出爱情的火花。之后，随着懵懂恋情的慢慢升华，两人最终走向了婚姻的殿堂，从此共度一生。

父亲和母亲的第一个爱情结晶，是我大哥王安华。而哥哥的去世，则成为父亲和母亲的第一个难关。哥哥患天花离世时，年轻的母亲受到了很大打击，变得很抑郁。哪个母亲不深爱自己的孩子呀！父亲每天都强忍悲痛，安慰、呵护母亲。经历了很长一段时间后，在父亲的努力下，母亲从阴影中走了出来。父亲和母亲的感情因为此事变得更加牢固了。

终于，在1962年，母亲生下了姐姐，后来有了我，再后来有了我的妹妹王淑明、王淑媛。父亲努力工作养家，母亲则在家照顾我们，祖父祖母则偶尔会去做些小工。待我们长大一些后，母亲才将大部分时间用于瓷厂工作，来减轻父亲的压力。

在“文化大革命”时期，父亲被扣上了“反动”的帽子，家中被“造反派”“洗礼”。与此同时，母亲的父母，也就是我的外公和外婆，也被下放到乡下的古铜桥村。在这场动乱中，父亲和母亲紧紧相依，不畏艰难。

母亲曾长期和父亲共事，父亲画的瓷器基本上都由她来完成填色。她对粉彩的设色非常考究，譬如对于冷色调与暖色调的对比统一关系等，她都把握得十分精准。母亲早年在景德镇瓷厂工作，后辗转到胜利瓷厂、宇宙瓷厂、新光瓷厂，长期从事高档艺术瓷的填色工作，施于人教授、郭文莲教授的作品她都曾参与设色，因此母亲的设色、填色功力是非常可以的。对于一件好的瓷器而言，填色环节非常重要。这就需要设色的人能够领悟作画人的意图和所要表达的内容，两人心意相同，相互配合，才能创作出优秀的陶瓷作品。母亲与父亲就是如此，两人相知相通，相得益彰，一起完成了许多好作品，如父亲的瓷板条幅《十八学士》《八仙过海》等很多早期作品，都是由父母配合完成的佳作，可见母亲的填色功力非常深厚。这些作品至今仍在流传，并广受赞颂。

在设色方面，母亲总结了很多宝贵的经验，譬如她讲：一件作品必须有一个完整的色调，不能因为追求色彩丰富而忽视了主色调，不然作品就没有了主次关系；在具体制作上，有些瓷瓶的凹凸面过大，粉彩填色时颜料容易流动，致使无法填平，只要在颜料里放少量盐水，颜料就不会流动，且烧出来的瓷瓶色彩特别鲜亮，因为氯化钠有助熔作用。今天看来，母亲的设色技巧还是有科学道理的。

记得年轻母亲在距家约五公里的里村胜利瓷厂当普通粉彩的好用瓷“万寿无疆”填色工时，早出晚归，我还没醒她就上班去了，晚上我睡着了她才下班回家，一个月下来工资 38.87 元。而到了星期天她才在家洗衣做饭，帮助爷爷奶奶做打扫卫生等家务。母亲在工厂填色的时候，手脚比较慢，主要是因为她习惯于填高档重工粉彩的那种慢工出细活，而日用粉彩瓷的填色是快而粗糙的，母亲总是把粗活当细活做，所以就十分慢了，车间主任因此对她的工作速度很不满意。我跟我姐姐王淑凝、妹妹王淑明有时也去母亲的工厂帮母亲填色，“勾印子”。母亲的工作，一开始看着，好像也没什么，可真做起来，时间一久，就腿麻脚酸，手腕酸痛，而且总弯着腰，背也受不了，十分辛苦。那时，我才领会到母亲为了这个家究竟有多么辛苦，可是母亲从来不多说什么。

那时候家里还没有自来水，母亲要洗衣服，就必须挑一担衣服到石塘、莲花塘、南门头港下去洗，而家里人多衣服不算少。我那时蛮小，也就是读小学二三年级的样子。母亲洗衣，我则在河边嬉戏，拣一些瓷饼斜着朝水中飞扔，看着瓷饼在水面三跳后入水。许多妇女洗衣后就将衣服平放在河床边的窑渣上晒干。那时的昌河水特别清澈，水底卵石毕现，古老的浮桥与现代的昌江大桥互相呼应，显示了一种时空的跨越。早晚时候，家庭主妇便手拿搓衣板，提着一篮衣服，三三两两来到河边。她们找到合适的位置，跪伏着身子，就着河水洗刷起来。每到那时，岸边很快就会排成长长的一列，俗称“拜港”。一时间，捣衣声、谈笑声此起彼伏。河床上有历朝历代倾倒的许多破碎的瓷器及钵具等，这些破碎的瓷器和钵具被水冲洗后变得非常干净，因此，许多人都在那晒被子。

还有打扫屋子的事。平常倒还好，让我记忆最深的是一年一度的大扫除，要忙一下午，或者一天。母亲都会把一些零碎的东西——像碗筷、小锅、一些瓷器等，担到河边仔仔细细地清洗。全家人会把整栋房子全部扫干净，再提水将家具一样一样洗干净，常常会从不知道哪些小角落里弄出一堆垃圾。这种大扫除当然是全家一起出动，但我们四姐弟，由于是小孩子，就变着法偷懒，做着做着就和邻居家里抱着一样想法的伙伴溜走去玩了，还自以为没被发现，结果回家后少不了挨一顿小骂。但我们也不害怕,理直气壮地把自己干活的“光荣事迹”说出来,得意扬扬:你看,我也干了不是,你还说我。大人其实也不计较,笑笑,就让我们去吃饭了。每到这时,母亲干的活都是最多的,她不想让祖父祖母还有父亲多做,不管什么事,总是说放着她来,把事往自己身上揽。

母亲是一个十分节俭的人。为了省下五分钱的三站公交车费,她总是从家里步行到工厂,从西浴走到广场,经马鞍山再到里村,单程半个小时以上,无论酷暑严冬,无论风霜雨雪,都是如此。节假日,她还要挤出时间去六十里以外的古铜桥村,看望下放在农村的外公外婆,把省下来的一点钱拿去接济外公外婆。

我读小学的时候,母亲在东部的民部大集体胜利瓷厂工作。胜利瓷厂边上有一个小型火力发电厂,叫里村发电厂。发电厂排出的污水流入一尺多宽的水沟里,沉淀下厚厚的煤灰。我父母则带上铁铲子把煤灰一铲一铲地捞起来,再用水桶挑回家,然后再到家附近的山上去挖黄泥巴,将黄泥巴与煤灰拌在一起,用手揉成饼状往红砖墙上扔。煤饼被墙体吸住,经过太阳光的照射下渐渐干燥。之后父母将煤饼铲下来,放在厨房的炉子里烧饭煮汤用。这种煤燃烧后黑烟比较大,小时候我住在新村西路山脚下 17 号的祖屋里,满屋子都被黑烟熏得漆黑。父亲每天上班前要生火做早点给爷爷奶奶以及我姐弟四人吃。到了中午则用黄泥灰封炉,下午再撬开继续煮饭。

那时,母亲每天都很劳累,几乎没有休息的日子,一直到“文革”结束都是如此。等到父亲在七二一大学教书,我们渐渐长大开始工作,家中渐渐殷实起来,母亲的担子才慢慢轻起来。可是,母亲身体已经落下了病根,到晚年时身体常常不适。

父亲和母亲一生和睦，从未因为什么事发生过争吵。两人是夫妻，同样也是朋友，是知己。正因为如此，两人能够相互理解，相互尊重。所以我从小就生活在一个和睦的家庭，父亲与母亲的爱给予了我们很深的影响。

那个年代，是一个贫苦的年代，是一个物资匮乏的年代。父亲和母亲没有那么多的浪漫，就像所有的普通人一样，简简单单的，平凡却真切，平淡却深情。父亲和母亲厮守了几十年，感情一直非常深厚，极为难得。

母亲对待我们这几个孩子，几乎用尽了她的心血。母亲的第一个孩子，也就是我的哥哥的过早离世，给母亲造成的影响无疑是极大的。尽管父亲和母亲很少提及那段日子，但随着我年龄和见识的增长，特别是我也有了自己的孩子之后，我越来越深切地体会到母亲的痛苦。女性最大的痛楚，莫过于丧子之痛。这种痛苦让母亲常常情绪崩溃，直到哥哥去世的七年之后，母亲才再度生育。而这七年里，在当时那重男轻女的年代，在当时那思想相对保守的年代，一个丧子的母亲，一个没有再生育的母亲，要遭受多少非议可想而知。每每听到别人家传来的婴儿啼哭声，母亲心中何尝不思念自己的孩儿；每每看到他人的指指点点，母亲心中何尝不痛苦万分。祖父、祖母还有父亲并没有责怪母亲什么，而是时常安慰母亲，让她不要听外面的人在说什么。可是，七年的时间里，她成了别人的谈资。言语这把无形的刀剑，有时比真实的刀剑更让人难以躲避，给人造成的伤害也更大。我相信那是让母亲备受煎熬的一段岁月。每当想到这些，我心中便不是滋味，眼角常常泛出泪水。这是我母亲所遭受的痛苦，也是千百年来许多女性所遭受的痛苦和不公。我常常为母亲鸣不平，为何母亲要遭受这不必承受之痛？

幸好上天没有抛弃母亲，母亲在七年之后迎来了希望。

人只有在长大之后，才能够更加理解十月怀胎一朝分娩是人类最伟大的奇迹之一，也才能够理解这背后的辛酸和苦楚。

我在文学作品或影视剧中，看过许多女性因为丧子而情绪、行为失常甚至疯癫的情节，这些情节并不会让人觉得突兀或陌生。而当人们谈论一个母亲的失孩之痛时，也并不等于否定其丈夫的悲伤情绪。之所以强调女性的失孩之痛，与她们曾因生育所遭受的身体痛苦直接相关。

“妇人弱也，而为母则强”，女性分娩之痛被认为是接近人类极限的痛苦。有了自己的孩子之后，我才更加深切地体会到父母养育我们四个子女的不易，也更加能够想象得到母亲生育时所受到的痛苦。而且那个年代的医疗条件与如今的医疗条件有着天壤之别，再加上家中贫穷，母亲很难得到很好的调养。虽然那时父亲也在尽心尽力地照顾母亲，但现在想来，连续生育四个孩子必然对母亲的身体造成了极大的损害。

生育从来就不是一件简单的事情，萧红在《生死场》中就把女性躯体看作“生”与“死”的主要场所。“生”是指生育，是指肢体迸裂、血肉模糊的母体；“死”是指让人目睹肉体的惊悚变质与毁形。在她的笔下，女性分娩是“刑罚”，生产的女人“横在血光中，用肉体浸着血”。《生死场》写于20世纪30年代，说近不近，说远也不远。我们的母亲在分娩时，到底承受了多大的痛苦呢？而且母亲当时生育我们时也并不是特别年轻了。

在那个年代，生育了四五个孩子的母亲大有人在，有的人还生育了七八个，甚至有生育了十个孩子的。如今，这些人长大了，成家立业了，在想到自己的母亲时又会有怎样的一番感受呢？

我的母亲当时带着三四个幼儿，每天忙里忙外，幸好有祖父、祖母帮衬，得以偷得点点空闲；父亲作为丈夫，也给予了母亲很大的安慰。可是母亲依然没有什么时间好好休息。在我的记忆里，母亲几乎没有怎么闲过，手中像是有做不完的事。为了这个家，母亲操劳了一辈子。

现在的年轻人，照顾一个孩子便嫌累，说养育孩子不易。的确，照顾孩子，每天都要起早贪黑，把屎把尿，要小心翼翼地看着，生怕摔着碰着，出了什么意外，还得时常提防偷拐的歹人。如此想来，当时要照顾四个子女，父亲和母亲又是何等的劳累、小心？有些人认为父母不能溺爱孩子，我想，父母对孩子的爱怎样都不为过，对此，或许只有经历过丧子之痛的人才能理解。

我认为，身为父母如此紧张是好事，尽管在外人看起来有点小题大做。一个孩子在幼年时毫无自我保护能力，在其无自我保护能力或自我保护能力弱时，对其多照顾一点无可厚非。雄鹰也是待雏鹰羽翼丰满时，才将其推下山崖让它学会飞翔的，倘若雏鹰羽翼未丰便被推下，那也就只有摔死一途。一只老虎爪牙还未齐全便去捕猎，恐怕会被猎物撞倒。当然，父母平常对孩子进行教导是少不了的，不能太过溺爱，要让孩子成长，磨难是必不可少的，但是这是在建立在有安全保障的前提下的。狮子、老虎也不会让自己的小狮子、小老虎去咬一个有着锋利的尖角并活蹦乱跳的猎物的喉咙来学习捕猎。如今，有些身为父母的人是那么无知，那么对孩子不负责。近年来，我也看过许多新闻报道，每次看到小孩离世的新闻就感到内心在痛。虽然大部分是意外，无法避免，但是也有一小部分完全是孩子父母的粗心大意和无知造成的。作为父母的人都知道一句话：宁愿自己的孩子错过一百个好人，也不愿孩子遇到一个坏人。虽然这句话并不完全合理,但其中所包含的父母对孩子的爱却是极为真切的。

我很感激我的父亲和母亲,他们给予了我一个安全、幸福的幼年。为了我们这几个孩子,母亲忍受了太多痛苦,这痛苦也不是我三言两语就能够道清的。

20 世纪 80 年代末,家里渐渐富裕起来,四个子女也都长大了。家里安装了自来水,母亲不用去一里外挑水来洗衣服、做饭了。母亲的担子轻了很多,她不用像以前那样劳累了。母亲终于可以好好休息一下,可以和父亲多走走了。

九　父亲的师长和朋友

一个人的命运是和时代紧紧相连的,父亲生前能够获得如此成就,除了自身聪慧、努力学习、刻苦钻研、追求创新,更重要的是曾祖父、祖父的教导,家人的支持和前辈与朋友的无私传授、交流。父亲在年轻时遇上了一个文化交流的好时代。人们造就了时代,时代也造就了一个个人。

年轻的父亲,遇上了一个年轻的中国。1949 年,新中国成立了。整个国家,经过多年惨痛的战争之后,遍体鳞伤,百废待兴,许多生产工作都要从零开始。困难非但没有使国人消沉,反而激起人们向上的斗志,人们凭着一腔爱国热志建设国家。在学术界,前辈对后辈倾囊相授,毫无保留。新中国成立初期,在毛主席的倡导下,学术氛围浓厚,学术界出现了“百花齐放、百家争鸣”的盛况。年轻的父亲就在那时结识了很多前辈，不断汲取营养，聆听前辈的教诲；同辈之间也相互交流，相互支持。那是交流的时代，每个人都尽量无私地传授，而且每个人都有一股劲，一股积极、乐观、向上的劲，一股热情。父亲正因为处于这种学术氛围浓厚、积极向上的社会环境中，学习了知识，积累了经验，开阔了视野，所以为之后的创作打下了坚实的基础。这牢固的基础支持着父亲走向了更远的前方。

景德镇，这个以瓷而生的古镇，有着深厚的文化气韵，浸染着一个又一个年轻人。或许是因为父亲幸运地生活在这里，或者是命中注定，我们的家与瓷永远也剪不断这缘分。

父亲从事陶瓷创作，首先接触到的是王大凡老先生和王锡良先生。王锡良先生不仅是父亲的良师，更是父亲的益友。父亲进入王大凡创立的太平瓷社，17 岁时拥有了自己的画室。新中国成立之后，父亲进入工艺社（雕塑瓷厂的前身），每当有新作，依然拿到王大凡老先生和师傅王锡良那里向他们请教。正因如此，父亲的创作功力得到了长足的进步。

20 世纪 40 年代至中华人民共和国建国十周年，是王大凡老先生陶瓷艺术的鼎盛时期。此时的王大凡老先生在各种艺术思潮的冲击下，对新时代的艺术充满了憧憬，怀着对新中国的满腔热情创作了《骏马献给总司令》《面壁十年》《大禹治水》《闯王进京》《卓文君》《松下听琴图》《新八仙》《竹林七贤》等力作。

王大凡老先生的作品，无论是大件还是小件，可以说都充满了“文人画”的意趣美、意境美和形式美。小件作品统筹兼顾，以少胜多；大件作品纵横捭阖，运筹帷幄。他笔下的仙释人物，不是不食人间烟火的神，而是充满人性、人情味，有血有肉的人；他笔下的历史人物，或疾恶如仇，或正气凛然，或幽默诙谐，或聪明睿智。如《竹林七贤》，人物风格各异，内在精神气质和艺术内涵各具特点，强调了“画”的审美意趣，并把这种“意趣”扩大到画外，提高了它的文化品格。他的《新八仙》前后呼应，首尾相谐，八块瓷板可独立成篇，又可拼在一起构成一幅完整、统一的画面。

面对新的时代，王大凡心里充盈着雨过天晴般的豁达。他以一种开拓进取的精神，去谱写崇高壮美的生命之歌。《面壁十年》《卓文君》《大禹治水》《闯王进京》便是他笔底的波澜，诉说着他对新时代的感受，让人领悟到作者在追求一种静穆之美和一种至高的艺术境界。

王大凡是将国画艺术和诗、书、画、印运用到陶瓷装饰上的杰出代表，其传世的近千幅艺术作品，充分体现了以诗入画、以画孕诗、诗画结合的艺术风貌。如果说他早年的作品向人们讲述了一个个动人的故事，那么他中年的作品就传达了一种禅意，晚年的作品则表达了一种精神境界。

中国画大家林风眠、潘天寿、周昌谷、吴山明等称王大凡是一位艺术修养极高的“陶瓷文人画大师”，如果不是当时景德镇环境闭塞，缺乏宣传，“大凡先生人物画艺术造诣可以与海上大家相媲美”。吴山明观赏了王大凡的原作后称：“王大凡的人物画与徐燕荪、张大千、傅抱石的人物画相比亦毫不逊色。”而且王大凡始终是画品与人品的完美结合者，其悬于画室的座右铭“绘画生涯自甘淡泊，陶人事业首重精勤”，乃是其宁静致远、淡泊明志，生命不息、奋斗不止的人生信条的写照。

1952 年，成立不久的新中国百废待兴，正进行社会主义建设。此时的景德镇开始将一些私营作坊合并，建立美术合作社，后来更名为工艺社，继而又成立了轻工业部陶瓷工业科学研究所等一些部门。王锡良与王大凡先生相继加入了合作社。1955 年，父亲加入了工艺社，1958 年，父亲转入了艺术瓷厂。在艺术瓷厂，父亲得到更多与前辈大师学习、交流的机会，并借助瓷厂这个平台接触到了更加广阔的世界。

1958 年 9 月 24 日，中共景德镇市委做出决定：将原来十三个画瓷合作社和七个画瓷合作组联营成立的工艺美术彩绘工厂与出口瓷加工厂合并为艺术瓷厂，把全市主要业务为陶瓷装饰的彩绘加工行业都规划到一家瓷厂，实行统一、集中的计划和生产管理。当时分布在各个合作社以及在民间从事陶瓷装饰工作的人员，都相继加入艺术瓷厂这家以粉彩瓷为主要产品的瓷厂中。这些人员，除少数调入陶瓷研究所，几乎所有的彩绘加工、装饰设计方面的行家里手、能工巧匠都成为艺术瓷厂的国营职工，这是艺术瓷厂以后在全国陶瓷彩绘行业中实力最雄厚、技艺最精湛的一个重要原因。

当时进入艺术瓷厂的彩绘人员大都是从事画瓷多年的熟练技工，年龄偏大，青年工人寥寥无几，而发展、创新才是艺术瓷厂保持粉彩艺术之树常青的阳光雨露。当时，瓷厂重视培养父亲等几位青年艺术家，开班授课，又在继承传统的基础上，重视新器型、新产品、新花面、新工艺的开发与创研，同时在建厂伊始，就把一批专家、名人以及各个类型、画派的拔尖人物调集到“美术研究室”。父亲就是在这时进入美研室的。与前辈大师们一起专门从事传统题材的继承和新技艺、新花面的研究、开发工作，承接国家礼品瓷和商家客户指定的特殊订单瓷的设计、复制任务。刚组建的艺术瓷厂，只是一家只能从事彩绘加工的专业瓷厂，缺少成型配套能力。

1959 年底，中共景德镇市委决定将建筑瓷厂在市区内的成型生产能力全部划归艺术瓷厂，包括四个车间、六座柴窑、四十多个日用瓷成型生产班组。一时间，艺术瓷厂拥有了5600多名职工，成为全市最大的一家瓷厂。不过，这虽然扩大了日用瓷生产规模，解决了一部分彩绘缺乏白胎的问题，但创作、生产陈设瓷、艺术瓷、仿古瓷所需的胎瓷还是严重不足，制约了粉彩瓷生产的发展，瓷厂常常出现“无米之炊”的状况。为了支持艺术瓷厂发展粉彩瓷生产，景德镇市又将宇宙瓷厂一个具有成型生产能力的粉定车间共150多名专业成型工人调入艺术瓷厂，成立一个琢器车间，承担专门制作、生产琢器胎瓷的任务。为了满足粉彩瓷板画创作、生产、发展的需要，市里又从东风瓷厂调来一批烧制大小瓷板的专业技术人员，成立了瓷板组。这就大大缓解了艺术瓷厂彩绘胎瓷不足的问题，使得艺术瓷厂粉彩瓷生产如虎添翼，进入了良性循环的状态。

在那个年代，从四面八方来到国营艺术瓷厂的艺术家和广大普通职工精神振奋，意气风发，干劲冲天。在庆祝中华人民共和国成立十周年前夕，父亲与艺术瓷厂其他几十位艺术家合作赶制了一批新画面的粉彩瓷，向“国庆”献礼。当工人们抬着10幅大型粉彩瓷板画出现在游行队伍中时，全市人民立即发出惊叹和赞美之声。这是艺术瓷厂建厂后首次在世人面前展示精湛技艺和强大的人才实力。与此同时，厂里还涌现出许多劳模、先进人物。对此，父亲感到很自豪。

在不到三年的时间里，父亲在厂里参与完成了三百多项技术革新和新操作工艺研发，创造出许许多多的新产品、新器型、新花面，艺术瓷厂的声誉也不断扩大。香港地区、东南亚国家的粉彩瓷商家和客户接踵而来，和瓷厂签订了长期供货购销合同，粉彩瓷对外出口的生意越做越大，企业的经济效益越来越好。

在这里，父亲参与了抢救、研发多种失传瓷种的工作和众多瓷器生产任务，得到了瓷厂的重点培养，获得了实践机会，增长了见识。同时，也是在这里，父亲结识了众多前辈、大师，开启了与瓷相伴的沉浮经历，铸就了一生的辉煌。

当时，父亲也曾向同在厂里、“珠山八友”之一的刘雨岑先生请教学习花鸟。刘雨岑先生是“珠山八友”中年龄最小的一位。中华人民共和国成立前，刘雨岑大师先后在浮梁县立陶业学校、珠山国瓷艺专、东方艺专等校任教，教授中国画和陶瓷艺术。其培养的王恩怀、徐亚凤、詹铁成等众多弟子，大多数成为景德镇陶瓷艺术领域中出类拔萃的人才。对景德镇的艺术青年，他亦关怀备至。刘雨岑老先生陶瓷花卉的小写意画法影响了一代代艺术青年，父亲便在其中，而刘雨岑老先生则亦对父亲不吝赐教。那是一个除夕夜，刘先生摆开桌子，即席教画花鸟，之后也常常教授父亲，于是，这对年龄相隔 30 余岁的艺术家终成忘年交。刘雨岑对所有的艺术青年皆关爱有加，对年轻人尚不成熟的作品，他总是先多方热情鼓励，再指出不足。这对父亲后来的教学以及对父亲培养后辈年轻人有一定的影响。刘雨岑先生不仅教授父亲画鸟，更教会了父亲身为前辈在培养、提携年轻人时应尽的责任。1969 年，刘雨岑先生在批斗中精神失常，突发脑出血去世，时年 65 岁。父亲得知之后悲痛异常，因为景德镇陶瓷界失去了一位和蔼可亲的长辈。

年轻的父亲也和其他许多长辈结交，如胡献雅、毕渊明、余翰青、胡庐，虚心地向他们学习技艺和知识。

胡献雅先生是南昌人，因画风笔简意深、雄健拙朴，被国内外誉为“当代八大山人”。胡献雅精通国画，专长书法，擅作诗词。他以水墨见长，追崇八大山人削尽冗繁、返璞归真的艺术格调，笔下的梅、兰、竹、菊、牡丹、蔬果之类有着独特的造型语言；其书取法怀素，上追二王，参合黄慎体势，中锋用笔，老辣似古藤，矫健似蛟龙；其诗词，熟唐诗宋词，学渊明易安，力求意境的深远。胡献雅作品形成了一种全新的艺术面貌，呈现出大师的风采。他1958年主持创办江西景德镇陶瓷学院美术系，任教授。在瓷都，他巧妙地将国画艺术运用于陶瓷装饰，瓷与国画相得益彰，使这两种传统艺术相结合，开出了美丽的奇葩，开辟了国画陶瓷艺术的先河。他的瓷画代表作品被很多陶瓷馆及外国收藏家收藏，已成为艺术宝贵库中的绝世珍品。胡献雅为瓷都的繁荣做出了巨大贡献，留下了许多佳话。父亲曾多次向胡献雅请教，观摩胡先生创作，学习到很多技巧、手法。

毕伯涛老先生研习新罗山人一派画风，作品极富生活气息且标新立异，神形兼备。他画花鸟善于表现禽鸟瞬间动态与明媚鲜艳的花树，风格俊逸清新，极力汲取新罗山人画风之精髓，并融会贯通，使瓷画别具一格，对新中国成立后景德镇制瓷艺术的昌盛繁荣做出了应有的贡献。由于作画不多，家境贫寒，丧妻后毕伯涛未续弦再娶，而是全身心投入对儿子毕渊明的培养。他不仅督促儿子潜心作画、练习书法，还十分注重培养儿子的文化底蕴，有计划地安排儿子遍读诸子百家，加强其诗词歌赋的修养，并教导其在篆刻上下功夫。在他的培养下，毕渊明终成景德镇享有盛名的书画大家。儿子成才后，他作瓷画日少，偶尔画些纸画陶冶性情。新中国成立初期，他与景德镇两位清末秀才一同受聘为江西省文史馆第一批馆员，撰写、整理前清史料，从此辍笔瓷画，偶尔应邀为江西省文史馆画些花鸟纸画。他在任馆员期间，不受礼，不吃请，十分本色，直至1961年去世。

毕渊明老先生和父亲

父亲与毕渊明老先生感情亦非常深厚。毕老是“珠山八友”之一的毕伯涛之子，幼承家学，秉父传艺，工金石、诗、书画，精陶瓷粉彩翎毛、山水、人物、走兽、花卉、猴，尤其精于画虎，有“毕老虎”之雅号，毕渊明在国内外享有盛名。几十年来，毕渊明致力于攻画猛虎，集画虎名师张善子、高奇峰诸家之长，同时师其父毕伯涛的祖传家教，细心体察各类虎姿雄威，潜心探求画虎真功。在毕渊明的笔下，寒日卧虎如盘，巍然雄踞；光天立虎如松，气宇轩昂；碧水游虎如龙，悠悠成趣；平地奔虎如风，势不可挡。这真可谓“虎神生灵气，百态动千姿”，令人赞叹不已。除精于画虎，毕渊明还擅长画山水、翎毛、花卉、人物等。毕渊明的画能寓动于静，于平淡中显奇特，给人以刚劲高亢之感，既遒劲奋发，又深沉磅礴，时如风卷残云，时如夜半清笛，真是千变万化，富有新意。由于毕渊明有高超的文化修养和雄劲飘逸的书法风格，又能创作出不同凡响的诗章和意趣盎然的石章，故能在瓷画中集诗、书、画、印于一体，使画富有广泛、奇特的意趣。父亲中青年时，毕老家在建行小区附近。平常若没有什么事，父亲就会去毕渊明老先生家里聊天，有时会聊到晚上，家里人都睡着了，父亲才回来。毕老比我祖父还大一点儿，年轻时走南闯北，知识面很广，熟读不少古典文学，且书法、篆刻、绘画俱佳。其妻子的父亲又是王大凡老先生，因此父亲与几家都经常走动，几家的关系非常好。

胡庐同样出身于书香门第，师法黟山派宗师黄土陵。胡庐博学多艺，精通书法、金石、绘画、诗文，擅长画黄山，笔墨精熟而超脱。余翰青先生是江西乐平人，1959 年获得了景德镇市人民政府首批授予的“陶瓷美术家”称号，曾任景德镇陶瓷学院美术系副教授，从事陶瓷艺术教育工作，擅长陶瓷美术、中国画、古诗词研究。父亲与他们二人结交，受益良多，学到很多东西。这丰富了父亲的创作技法。

父亲也曾得到王步先生的教诲。王步先生享有“青花大王”之称，其作品画意浑厚、清新、简洁、淳雅，运笔自如、流畅，达到了形神兼备的艺术境界。王步先生曾经来借阅曾祖父留下来的陶瓷书籍和记录，从中研究古人技艺，吸取经验。

1961 年 3 月 6 日，春雨绵绵，王大凡大师走完了他的人生之路，在寓所与世长辞了！中共景德镇市委、景德镇市人民政府对他的逝世感到十分惋惜和悲痛，全国政协、美协也拍来唁电表示哀思。为表彰大凡一生建立的功勋，景德镇人纷纷拥到工人文化宫，参加王大凡大师的追悼大会。中共景德镇市委书记赵渊、市长尹明亲率送葬队伍一直到墓地。当时父亲送葬完回来之后，哀叹了好久。一位亲切的师长，就这样永远离去了。

也是在1961年，父亲遇见了潘天寿大师。当时，瓷厂会资助父亲和其他一些厂里青年去写生和参加一些活动，让他们增加见识，结交人物。父亲从小便迷任伯年、陈洪绶等著名画家的绘画技艺，对当时任浙江美术院院长的潘天寿更是仰慕已久，可惜一直无缘一见。在此之前，因为胡献雅是潘天寿的得意门生，所以父亲也只是听胡献雅说过一些。1961年的秋天，父亲前往上海，参加华东地区工艺美术展。入宿上海华生饭店，得知潘天寿大师也在这里，并且和自己住在同一楼层，父亲高兴不已。当天晚上，父亲便决定去拜谒潘天寿大师。父亲在房间里徘徊再三，强压自己的兴奋和紧张，深吸一口气，便离开房间，来到了潘老的门前，轻叩了几下门。潘老闻声打开了门，父亲便恭敬地行礼，表明来意，潘老便请父亲进房。两人之后又有几次促膝谈艺的经历，相互觉得十分投缘，相见恨晚。至此，父亲与潘老就结下了情谊。两人在此之后便经常有书信往来，父亲也常寄鱼雁，投书寄画，希望得到潘老的指导、教诲。

曾经，父亲也向潘天寿老师先生发过邀请，希望潘老来景德镇绘瓷，潘老欣然应允。但是潘老一直未能成行，这成为父亲的一大遗憾。后来，“文革”爆发，潘老蒙冤被批斗，1966年6月起被关进牛棚，遭监禁达三年之久。1969年初，潘老被押往家乡宁海县等地游斗。在回杭州途中，他在一张香烟壳背面写下最后一首诗：“莫此笼絷狭，心如天地宽。是非在罗织，自古有沉冤。”1969年4月，他于重病中被押往工厂劳动，因心力衰竭引起昏迷，被送往医院抢救，此后即卧床不起。1971年9月5日天明前，潘老逝世。父亲听闻之后，几日里都悲痛不已，心中戚然。

其实，刘雨岑与潘天寿堪称莫逆之交，当年书信往来密切。两人相交，源于一次偶然的机会。当年，潘天寿和刘雨岑都作为全国政协代表在北京参加政协会议。会议期间，中国人民解放军高级将领、江西兴国人肖华在家中宴请在北京开会的全体江西省政协代表，刘雨岑在聚会上认识了潘天寿。于是，他们在北京参会期间经常交流绘画心得，切磋技艺。在北京肖华家聚会期间，潘天寿临时画了幅花鸟画送给刘雨岑。临别，潘天寿又对刘雨岑说："这幅画作是临时应付之作，不足作为礼物送人，回杭州后我一定认真作画一幅寄给仁兄。"果然，不出一个月，潘天寿从杭州为刘雨岑寄来一幅精品画作。此后，他们经常书信往来，刘雨岑儿子高中毕业时，潘天寿为刘老儿子刘平报考浙江美院进行了多方面指点和帮助，后虽因各种原因刘平未能进入浙江美院，但刘雨岑对潘天寿还是充满感激之情。为表达自己对潘天寿的敬慕，刘雨岑请善画瓷像的夫人朱秋霞亲手绘潘天寿瓷板像赠送以作纪念。令人非常遗憾的是，二老都在"文革"时因遭到迫害而不幸离世。

1964 年 7 月至 8 月，林风眠和朱屺瞻、王个簃、唐云来到景德镇进行瓷画创作，互鉴互学，参观访问，体验生活一个多月，成为景德镇陶瓷史上的一段佳话。时任景德镇美协副秘书长方讯、艺术瓷厂美研室副主任徐焕文参与了林风眠一行的艺术交流和接待陪同工作。当时的景德镇美协主席是刘雨岑，方讯是美协专职干部，专职工作人员还有章太鹏。卓安之是秘书长，负责业务上的接待工作。

四位名人画家来到景德镇，是当时的上海美协与景德镇美协共同商定的，其时代背景是毛主席《在延安文艺座谈会上的讲话》发表 22 周年。《在延安文艺座谈会上的讲话》指出文艺工作者要深入生活，深入基层，熟悉工农兵，到群众中去，到火热的斗争中去。当时，陈毅同志也提出了“名人、名瓷、名画要融合起来。纸画不易保存，而瓷画可以千秋”的观点。

景德镇是世界瓷都，是出名瓷的地方，而林风眠等是大画家、大名人。大画家与景德镇名瓷结合起来，自然就会产生名画。在林风眠一行到达景德镇之前，上海美协与景德镇美协进行了沟通，当时任景德镇市美协主席的是刘雨岑，方讯任美协专职干部，卓安之任秘书长，专职工作人员还有章太鹏。当时，他们一行共来了五个人，除了四位画家，还有上海市美协的工作人员沈智毅。四人之中，年纪最大的是朱屺瞻，王个簃次之，林风眠再次之，唐云最年轻。时任中共景德镇市委书记王树衡、市长尹明、市委副书记吉福润不但专门会见他们，而且还经常到艺术瓷厂、景德镇饭店的工作现场与他们进行交流。据方讯介绍，林风眠性格内向，不喜逢迎，学习瓷上绘画很认真，很谦虚，不断尝试创作，只要觉得哪里不满意就立即改进。在景德镇的一个月时间里，林风眠创作了不少作品，题材包括鸟、猫头鹰、仕女图等，还有其他方面的人物题材。

徐焕文是当时的美研室副主任，主要负责对林风眠一行进行技术指导，据他介绍，林风眠一行来到景德镇，先是考虑在陶研所进行创作，但最终还是选择来到艺术瓷厂，因为这里才是基层，是工厂一线，有大批陶瓷艺人，这正是他们需要的。

他们本来可以住当时条件最好的景德镇宾馆，但还是住在了离艺术瓷厂很近的景德镇饭店。这样一来，画瓷、烧炉都很方便。他们每天步行到艺术瓷厂，与厂里的艺人打成一片。画家们擅长中国画，却对釉上瓷绘很是陌生，对颜色的油料性不熟悉，因此主要从所画即所得的釉上新彩入手。他们完全没有架子，为人谦和礼貌，瓷画方面及绘画方面的问题都会互相交流。徐焕文帮助搓料调色，告诉他们哪些颜色可以互调，哪些不能互调，同时还传授樟脑油、煤油在调色中的应用方法等。当时美研室的江汉也参与了工艺协助，主要负责领白胎和烧炉工作。当时的艺术瓷厂综合大楼（莲花塘老办公楼），一边靠山，开着窗户。林风眠一行在艺术瓷厂待了一个星期左右，经常有人来围观，开始还主要是艺术瓷厂艺人，后来围观的人越来越多，主要是陶院学生、陶瓷艺人、美术工作者，门窗上扒满了人。我的父亲一有时间也会去看四位大师创作。为了不打扰画家们创作，组织上将创作地点调整到了他们的住处——景德镇饭店。四位大师专门为艺术瓷厂画了几幅瓷画作品，其他的瓷画他们大多带回了上海。因为另有工作安排，在徐焕文接待林风眠一行四天之后，陶瓷公司安排陆如接手徐焕文的接待工作。

林风眠先生一行在景德镇待了30多天，其中在艺术瓷厂待了一个星期左右。除了在纸上画国画练笔，他们主要画了些瓷盘，也画瓷板。另外，他们4人还同当时艺术瓷厂的老艺人卓安之、毕渊明、张松涛、陈先水、欧阳光共同创作了一幅国画——《百花齐放》。这幅画也成为国画名家和瓷画名家联袂奉献的一幅佳作。

林风眠一行在景期间，主要做了四件事。一是绘瓷作画。他们既在瓷上作画，又在纸上作画。这些画作大都被他们带回上海，也有一些为艺术瓷厂及个人创作的纸画和瓷画被留作纪念。二是授艺学艺。他们既是来景学习画瓷的，也是来为景德镇的陶瓷美术工作者传授技艺的。四位画家与卓安之、毕渊明、陈先水、欧阳光、张松涛、陆如、徐焕文等瓷绘名家交流学习，促进了思想碰撞和艺术互通，各方都受益匪浅。三是在景期间，林风眠等深入陶瓷学院、陶研所、艺术瓷厂等地，为美术爱好者、学生授课讲学，星期天休息时间则去湖田等古窑址考察、采风。

四是深入瓷厂、里弄参观、考察。他们对景德镇的独具特色的里弄文化兴致盎然，在传统坯房参观时对景德镇手工制瓷技艺表示赞叹。

林风眠等四位国画大家来到景德镇并深入考察、创作，不仅对景德镇而言是件大事，就是在全国文化美术界都取得了巨大反响。因为国画大家的到来、融入和认可，景德镇瓷器的名气进一步扩大，瓷画艺术创作迎来了新的发展时期！

当时，父亲在年轻一辈中已算小有名气，成为当时艺术瓷厂的重点培养对象，因此有机会近距离向这些画界泰斗学习中国画、切磋陶瓷绘画技艺，与这些泰斗级的画界人物结下亦师亦友的情意。

林风眠先生在艺术瓷厂绘瓷的时候，父亲经常去观看，有时还会坐在林风眠先生的旁边。父亲久闻林风眠先生大名，能够这么近距离地观摩，自然非常高兴。有一次，林风眠先生画完一幅作品，甚是满意，便看向旁边的父亲，问道："怎么样?"没想到父亲答道："不行。"林风眠先生一听，有些不高兴。只见父亲继续说到："不是说画不行，而是料没有用好。"原来，林风眠创作一块瓷画时误将油当作料，烧完，油便会消失。父亲好意相告，先生却执意拿去烧，结果不言而喻。

从此，林风眠先生画出了瓷画，便会征求父亲的意见，两人少不了探讨一番。这对父亲能力提升的帮助无疑是巨大的。父亲与林先生的交往逐渐密切起来。

一次，林老先生准备了一些画作送人，第一个就叫父亲去挑，父亲却挑了一张最小的"猫头鹰"方构国画。胡献雅老先生曾看到过这幅画作，直夸父亲有眼光，舍大取小，恰恰是这幅小画最好。家中至今仍然珍藏着这幅画作。

林风眠先生送给父亲的猫头鹰国画

潘天寿老先生和唐云等人也都曾给父亲赠画,父亲并未装裱,而是小心地保存好,使它们在“文革”中幸运地逃过一切,实乃大幸。因此,我们现在仍可以通过这些画作了解到一些父亲与这些前辈的情谊。

四位大师在景德镇的时间虽短,影响却是巨大的。

1965 年 7 月 6 日,全国人大常委会副委员长郭沫若视察了艺术瓷厂,其间不顾疲劳即兴挥毫题诗“中华向号瓷之国,瓷业高峰是此都。宋代以来传信誉,神州而外有均输。贵逾珍宝明逾镜,画比荆关字比苏。技术革新精益进,前驱不断再前驱”。对此,艺术瓷厂的艺术家和职工们感到无比骄傲和自豪。

古代中国的许多优良技艺都在历史长河中消失了,一个重要的原因是各个家族对技艺严格保密,因为在小农社会,一门独家技艺往往是养活家人的唯一依靠。然而这非常不利于技艺的传承和发展、创新。景德镇历史上陶瓷技艺的传授,一般以家传为主,并且一般传男不传女。到了明清时期,师徒传承的关系得到了一定的发展,但到了近现代,这种传承方式已无法满足时代的需要了,甚至阻碍了景德镇陶瓷的

郭沫若的书法

良性发展，导致了一些珍贵技艺的失传。

父亲无疑是幸运的，来到了一个新社会，一个属于人民的社会，又得到众多前辈亲传，才取得如此大的成就。这些前辈大师的优良师德更是给父亲带来了巨大影响。后来父亲在从事艺术教育工作时，都会想到曾经的这些前辈，想着发扬他们无私奉献的精神，不自觉地向他们看齐，尽心尽力地教育学生。艺术从来不是一个人或者一代人的事，而是需要一代又一代人传承下去的，没有后继者，艺术便没有了新鲜的血液，便会慢慢败落，直至消失。

父亲与前辈大师们相交，结下友谊，但对父亲来说，他对这些前辈大师们的情感，更多的是敬重。他们对于父亲来说是温和的师长，父亲身为学生、后辈时刻保持着对师长们的尊敬之情。

人在一生中经常接触到的人，除了亲人、师长、父母、妻子和儿女，便是朋友了。朋友对人的影响是巨大的，一个人没有朋友的帮助是很难取得成功的。好朋友愿意听你说、听你笑、听你哭，无论是喜还是忧。朋友可以宽慰你的心灵，给予你扶持和帮助。友谊一直是人生当中最重要的东西之一。

由于成长经历的关系，父亲形成了温和、谦逊的性格。父亲兄弟的离世，给当时还小的父亲造成了很大影响。父亲非常热爱朋友，喜欢跟朋友在一起，把友谊看得异常的重。

父亲年轻时便喜欢跟朋友在一起聊天，有什么事也喜欢跟朋友说，当时毕渊明老先生的家离我家近些，父亲便常常在晚上没事时跑到毕老家去聊天。父亲平常若是创作累了，或是在休息、空闲时，便走街串巷，到处去找朋友聊天、喝茶。之后我长大了，父亲便常常会带上我一起去。那时大人聊大人的，我便和他家的小孩一起玩耍，有时也会跟在父亲旁边听他们聊。父亲他们偶尔聊得兴起，便拿出笔墨在那画起来，我们这些小孩则在一旁看，听长辈如何点评讲解。对于父亲来说，聊天是加深情谊的一种方式，同时也可以相互探讨创作上的事。父亲和朋友总是谈书画、篆刻之类的话题，交流技艺，当然，也少不了家长里短，说些心事。

景德镇民间其实有很多书画、文学、古董收藏等方面的专家，父亲也结交了其中几位。曹润泉先生是其中一位。曹老师祖籍鄱阳，从小爱好书法、古典文学，尤其爱好京剧艺术，曾唱过旦角。曹老师居住在瓷器街的木结构屋子里。我仍记得当时的房子有一个天井，方正的围屋，南面住着著名的花鸟画家汪以俊，曹老师则住在北面的二层地板房里。曹先生特别爱干净，地板洗刷得一尘不染，屋里摆了许多古董。我小时候经常跟着父亲从西路并行到瓷器街，途经新华书店、七层楼饭店、十八桥，再到瓷器街，至少要走四十分钟。我们在曹润泉先生家常常可以遇到毕渊明，曹涧源和许多艺术界的其他大家。他们喝茶聊天，主要谈颜真卿、柳公权，谈李白、杜甫，谈当今的启功、沙孟海、郭沫若等，我则在旁边认真听，所以从小我就受这些大家的影响。

其实，父亲只是想找朋友一起待会儿。有些人喜欢窝在家里，不愿出门，对朋友很思念却藏在心里，很少主动去找朋友，看起来很冷漠，而当朋友来了便会开心大笑，迫不及待地把朋友迎进家来；而有些人想朋友了，便即刻出去找他，对朋友非常热情。父亲便属于后者，总想着出去跟朋友一起聊聊。可能是在那个年代没有什么可供娱乐的东西，只有和朋友在一起才不至于无聊。但这只是一方面，更重要的是父亲非常珍视朋友，对于父亲来说，只要朋友在身边，两人在一起静静地坐着，喝着茶，看路边的风景，就是一种很好的享受了。

父亲一生中最重要的朋友便是王锡良老先生了，两人的情谊也绝非三言两语便可形容得出来的，“情深义重”是不足以概括两人间的感情的。

父亲的许多朋友大多是他曾经的同事，有职工大学的，有函大的，更多的则是瓷厂和美研所的同事，像吴仁赣、程曲流、张学文、方复、白海、陆如、余文襄老先生等。这其中，许多长辈如今都还健在，还在继续为景德镇陶瓷艺术做贡献。

父亲在生活中还有许多其他朋友，在这些朋友中，有两位给我留下了特别的记忆。这两位就是龚江贵叔叔和保叔，他们俩当时在市冷冻场上班。我小时候，每当临近过年之时，他们就会想办法给我们家弄来一个猪头。爷爷会把盐放在锅里面烧热，然后涂在猪头上。再过半个月，爷爷将晒干以后的猪头再放到锅里面煮，那时，整条街都能闻到猪头肉的香味。菜做好后我们兄妹就会围在厨房，一起啃猪骨头、吃猪皮，爷爷总是把猪舌头留给我吃。我家穷，一年难得吃几回肉，平常日子里有新鲜的蔬菜吃就算是挺好的了，所以我非常感谢这两位叔叔，他们在那穷困的年代里给予我家帮助，让我们家有一口肉吃。

正是有了这些好朋友在工作和生活上给予的帮助，父亲才慢慢地熬过了一段段艰难的岁月。朋友之间，有些事不需要言语，友谊都在无声的默契当中。

十　教学生涯

“文革”之后，父亲重新拾起了画笔，同时也从前辈那里接过了时代的接力棒，开始了教学生涯。这是父亲身为陶瓷工作者的责任和义务，他也非常愿意为陶瓷艺术的传承和发展贡献出自己的力量。

1976 年初，艺术瓷厂开创了景德镇工厂办大学的先河，创办了艺术瓷厂七二一工人大学，父亲随之成为一名教师。那时，艺术瓷厂七二一工人大学选收了厂中 30 余名有扎实彩绘基本功的青年艺术工作者，让他们紧密联系操作实践，脱产学习、专修陶瓷装饰方面的专业课程，效果非常显著，学员的理论知识水平普遍提高，操作技术也随之登上新的台阶。这所学校后来被并入陶瓷职工大学。父亲在那里度过了一段快乐的教学生涯，那时学校的一些趣事也让父亲常常记忆犹新。

20 世纪 70 年代末到 80 年代初，国家的高等学校满足不了改革开放经济发展的形势。1978 年，景德镇陶瓷公司将全市各瓷厂的七二一大学集中起来，在艺术瓷厂筹建了景德镇陶瓷职工大学，父亲又成为陶瓷职工大学的首创者和最早的教师之一。景德镇陶瓷职工大学的前身是景德镇七二一大学。七二一大学是在“文革”时期成立的,在那个特殊的年代,七二一大学的主要任务是给学员们讲讲政治理论,让学员们学习学习当时的革命形势。20世纪70年代末,“文革”结束,陶院、瓷校慢慢恢复正常,逐渐开始招收学生。而这个时候,七二一大学的存在就有些尴尬了,它不得不面临何去何从的问题。其实,七二一大学聚集了一批陶瓷艺术方面的骨干力量,诸如吴仁赣、我父亲王隆夫、程曲流、张学文、方复、罗学正、白海、陆如等。这些人看到陶院开始步入正轨,七二一大学存在的时代背景已经发生了巨大变化,七二一大学必须做出选择,要么悄悄地退出历史的舞台,要么改变教学方向,为那些一直想圆大学梦而又错失良机的陶瓷系统的职工们开辟一条实现梦想的大道。就在这样的背景之下,创立景德镇陶瓷职工大学的想法应运而生了。

景德镇职工大学的创立以提高陶瓷系统职工的素质为目的,为当时的十大瓷厂培养和输送实用型专业人才。把七二一大学发展成景德镇陶瓷职工大学是一个很不错的主意,但是,这面临着重重困难。首要的问题是场所问题,因为七二一大学的校舍原本就是借用的部陶研所内的一小块地方,而陶研所在“文革”结束之后在慢慢地恢复以往的正常工作。后来,由于没有想到合适的地点,大家便想出了一个权宜之计——“打游击”,哪里有地方就先借用哪里的,今天这边,明天那边,因此,早期的陶瓷职大的教学环境是非常简陋的。最后,陶瓷职大终于在莲花山找到了栖身之所,总算是把家给安下来了。当时的校址就在艺术瓷厂的大集体红艺瓷厂内,在现在的红店街里面,整个学校面积不过200平方米。教室对面堆满垃圾,因此学校在当时被有些学生偷偷地称为“垃圾场上的大学”。

场所有了，接下来要解决的就是办学资金的问题。陶瓷职大没有上级拨款，只能自己想办法，自己找资金。那个时候，景德镇的瓷厂还都处于辉煌时期，各大瓷厂效益都不错。著名的十大瓷厂，钱都多得花不完。陶瓷公司作为主管这些瓷厂的上级单位，向这些瓷厂“借一些，要一些，讨一些”，资金还是筹得到的。然后，陶瓷公司就用这些钱来办景德镇陶瓷职工大学。就这样，靠着大家竭尽全力地找资金，东拼西凑，陶瓷职大得以办起来。

之后要解决的问题，也是最关键的问题，便是师资问题。七二一大学本身人员不多，教师也就我父亲他们七八个人，即使他们想做好，力量也达不到。当时，各大瓷厂集中了大量从事陶瓷艺术工作的精英力量，所以父亲他们就想从瓷厂里“挖”些人过来办学校。看准了各大瓷厂的那些精英骨干，他们就到各大瓷厂动员、劝说，把他们调到景德镇陶瓷职工大学来。别看刚成立时的陶瓷职大硬件设施简陋，也没有华丽的背景，但积聚的可是一大批大师级的老师。

职大创办初期，学校条件艰苦，专业老师非常缺乏，全校只有一个班。经过严格考核，第一届一共招收了 30 名学生，学制 3 年，4 个女的，26 个男的。沈浮是班长，程云被选为学习委员。那一届还有赖德全、刘升辉、徐晓云、徐茂荣、王淑凝、徐硕、朱文、王景春、方黎波、万济宁、范建军、傅建荣、赵明生、巴德伟、陈源等人，有些人现在仍很活跃，有些人则没怎么在这一行了。当时有些老师也才 30 多岁，如程曲流老师才 34 岁，但是班上学生年龄最大的是 1949 年出生的，也快 30 岁了，年龄最小的是陆涛。当时上学是不准谈恋爱的，但是班上有结了婚的学生，他们的小孩就管程曲流老师叫公公。2011 年，景德镇上报的国家级大师的 12 位推荐人选中，陶瓷职工大学的毕业生就有 6 位，相当于占据了景德镇国家级大师的“半壁江山”，无怪乎景德镇人会说陶瓷职大是培养大师的“摇篮”。当时学校的条件很艰苦，大家在厂房里把墙粉一遍，用水泥刷块黑板就上课了。那时，好多人还以为那里办了一所民办小学。学生画画也用功，好多人晚上下了晚自习还在画，不赶不走，还有几个直接就在课桌上铺个被条睡在教室里。

我父亲王隆夫在陶瓷职大教的专业课程较多，有书法、国画和陶瓷绘画等。他一直坚持艺术实践教育，每学期都安排一段完整的时间，根据教学计划，带领学生深入农村或偏远地区进行艺术实践活动。父亲非常注重直观教学，特别是学生的写生课。他曾带他们到鹅湖、瑶里等地写生。他一边写生一边讲课，还一边给他们做示范。

写生并非绝对意义的对景摹写，有时需要借题发挥，需要组织画面，需要移动与选择对象，尤其是到生活中去捕捉画面的时候，不可能一切都是合理、现成的，这就更要发挥作者的能动性，要以更灵活的态度掌握主动。这一切都取决于艺术家对艺术的判断力。父亲告诉学生要懂得取舍，把近处美的景物画下来，把不美的忽略掉；对于远处的美景，也可以表现到画面上。换句话说，就是“外师造化，中得心源”，我们应该懂得取舍，合理布局。除了现实的生活积累，艺术家还要有浪漫的想象，要厚积薄发，如果脑子里一贫如洗还能浪漫什么呢？想象力是创造的源泉，年轻充满活力，思想也是如此，所以年轻人可以大胆想象，大胆地去用技法，追求创新。

每次写生，父亲都告诉学生们写生绘画要有美好的心情，要开心玩、开心画。美好的心情会带来美好的感受，这样，内心就会有激情，就会有创作的冲动。画家所画的画是客观的境象，也是画家内心的反映。你此刻的心情会影响你所看到的景象，从而在画中得到体现。父亲在教学生们写生的同时，自己也写生，为他们做示范，学生们有时还排队轮流临摹我父亲的画。学生们写生得来的灵感没有眼花缭乱的堆砌，有的只是顺应万物发展规律的淳美之境，平淡而韵味悠长，为他们今后的创作带来巨大的影响。

父亲曾开着一辆解放牌大卡车，带上一些棉被，带学生们去瑶里。那里很漂亮，学生白天画画，晚上就和老乡唠嗑，很开心。睡觉时，大家分别到老乡家里去睡，那时候的人都很好。每次写生一去就是十天半个月，因为学生都是厂里的，每个月有工资，所以费用都是学生自己支付的。

听父亲讲，去农村写生时，赖德全由于厨艺不错，所以成为老师和同学们的“临时饭票”。他会一手烹饪绝活。有时在偏远农村，他会带领同学们“因地制宜”，到老乡那里买条狗。然后，他就在炉灶上“大显身手”，为同学们奉上一顿“狗肉大餐”。那时候，学生很调皮，在乡下农村向当地人买土狗杀了吃，5 块钱一只，一次买 3 只。狗肉吃完了，狗皮也收拾好，他们回到市里 5 块钱一张卖掉，特别划算，填饱了肚子又不花钱。还有就是当地的公社、生产队经常要做一些应景、应时的宣传栏或广告画。老师每次看见他去了，就会戏谑地说：“赖德全来了，一面墙解决了，今天的中饭就解决了！”因为有他在，他们只要花一个上午的时间就能按公社的宣传内容把农村的一面土墙完成。当地公社干部一高兴，中午自然就把他们招待得好好的。

还有一次，也是写生，由张学文老师带队。他们到瑶里公社去画画，瑶里公社非常热情。为了让他们全心全意地搞创作，公社帮他们请了农村妇女给他们做饭，还把他们安排在农民家里住宿。

有一天下半夜，大家睡得正酣，村里的大钟突然沉重地响起来，接着，远处传来嘈杂的人声，有大人的叫声，有孩子的哭喊声。他们赶紧起来，出去一看，只见村子不远处浓烟滚滚，火光把整个夜空都照亮了。一家农房起火了！刚才的钟声，就是村里人为了叫大家起来救火敲的。

张老师立刻把全班同学叫醒，组织他们帮忙救火。全班同学组成一条“长龙”，从附近的小河边一直排到正在着火的农房。一盆盆水在他们手上飞快地传递，巨大的火焰在全班同学一盆盆水的强烈攻势下退却了不少。村人们从家里提来水桶端来盆，来来回回地奔忙，原本寂静的山村如白昼赶集一样，充斥着人们的大叫声和呼喊声。

一盆盆人工“倾盆大雨”终于使大火败下阵去。受灾的农民在灰烬里收拾残局，张老师和学生们也拖着疲惫的身躯回到宿舍。当他们回到宿舍时，天已经大亮了。这时，学生们有的满脸乌黑，有的浑身是泥，有的甚至头发、眉毛都烤焦了，每个人都狼狈得不像样子。大家你看着我，我看着你，相视一眼，然后全都大笑起来，为劫后余生感到庆幸。

父亲说，在写生的时候，为当地的农民画画也是件有趣的事。一些地方干部经常请父亲帮他们画宣传栏或画一些年画挂在家里。父亲他们也热心地为当地人服务，他们师生因此常受到当地人的热情款待。农村人有他们自己的喜好。他们不喜欢水墨画，认为太素静，不热闹；他们更喜欢大红大绿的颜色，显得喜庆。

父亲认识一位医生，是看病时认识的。医生见很多人请父亲画画，也请父亲为他画一幅国画。父亲郑重地画了一幅送给他。父亲第二次到他家去看病时，看见自己那张辛辛苦苦为他画的画被他用糨糊皱巴巴地贴在黑乎乎的墙上，既没有装裱也没有上框，哭笑不得。回家跟我们讲了之后，我们都哈哈大笑，父亲则一脸无奈地坐在那。

很多年前，父亲也结识过一位医生。他是艺术瓷厂附近的医生，经常为艺术瓷厂的老艺人看病，但又经常不收父亲他们这些人的钱。因此，父亲他们这些画瓷的人就经常为他画画，或者送自己画的瓷器给他，以表谢意。20世纪80年代，一位香港老板到景德镇收购瓷器，那位医生一下就卖了200多万元，之后全家人又是买车又是买房的。据说，他卖的那批瓷器都是景德镇的这些大师之作，包括有刘雨岑、毕渊明等人的作品。

父亲曾说："我是一个板着脸而又充满人情味的人，我既关心学生的学业成绩，也关心学生的生活、思想成长。我钟爱艺术，也钟爱我的那帮学生，他们能在艺术上取得进步，便是最让我高兴的事。"父亲对学生的习作每次都认真看，然后批改。对于画得不认真的学生，他一定会毫不客气地批评，并且还会在他的作业上扣分。因此，他的那帮学生对他很敬重，即使是一些在其他老师眼里"不听话"的学生，对他也敬畏三分。学生年轻有活力，但难免有些心浮气躁，父亲曾经年轻过，自然懂得这些，平常偶尔严厉一些，可以打磨学生心性，是非常必要的。

在职大上班时，父亲的教学任务很重，家庭生活条件却很艰难。那时我们全家八口人，夫妻二人，四个儿女，一对老人，就靠父亲一个人的工资养家糊口。祖父祖母早年遭受了那么多磨难，身体越来越差，渐渐地有点支撑不住了。父亲心虑，好在工作顺利。当时，我的大姐王淑凝也在父亲班上学习，所以班上的学生经常和姐姐王淑凝一起到家里来。他们向父亲请教学业上的问题，也经常在我们家里蹭饭。有时祖父祖母病了，他们就帮忙带老人去看病。学生们还帮忙买米、买菜，帮忙打扫卫生，就像在自己家里一样。

那时，父亲常说学生们的学习热情很高，求知欲望非常强烈，经常是画画、吃饭、睡觉全部在一个教室里，不像现在的一些学生，太过娇生惯养，一点儿苦都受不了。姐姐他们上午在教室上课，中午在教室吃饭，晚上在教室里画画一直到深夜；实在是困了，把画桌往中间一并，就睡在教室里。当时程云和同寝室的程坤、陈远、徐晓云、方黎波等人经常在教室里搭通铺睡觉。然后，天蒙蒙亮，他们就迎着薄雾开始晨跑，从学校到莲花塘，再到制酱厂，再从制酱厂跑到浮梁县界。

在职大学习时，因为条件有限，没有专业的模特，所以老师就让学生轮流做模特。赖德全成为班上的第一"名模"，因为他长得轮廓分明，学生们很容易抓住他的特点。另外，他从小就学过武术，能摆出各种各样超酷的造型和动作，所以很多时间都是他做模特。做模特摆姿势很累，经常会让人手足发麻、腰酸背疼。那时候，画素描画写生也很新鲜，附近的好多居民都争着来当模特。

当时班上有两个"快攻手"，一个是如今大名鼎鼎的赖德全，他画画很快，很大气，敢画，敢改，忽地一下画出来，不行又改掉；另一个就是朱文。特别是在父亲的国画课上，一张白色的宣纸拿在手里，别的同学还在构思图案，思考该如何下笔，而他们的宣纸上早已经像有神来之笔，一幅酣畅淋漓的泼墨山水画立刻呈现在眼前。在同学们羡慕的目光中，他们已经完成画作。

当时，朱文还有一件事很牛，那就是他是班上的大力士。他和同学们掰手腕，曾经"打遍天下无敌手"，他们见了他只能"闻风而逃"。这也算当时的一件小趣事。

在职大学习，学生们都非常紧张，具体表现就是抢座位。那时的教室就是艺术瓷厂的一间平房，偌大的旧仓库中间隔一小间作为老师的办公室，一间大的就是学生的教室了。下课后，学生们自觉地上自习课。为了保住一个好座位，和画得好的同学坐在一起，学生们都有点废寝忘食，中午饭和同学轮换着吃，或者直接拿着书本啃两个冷馒头，因为只要人不在，座位就保不住。光靠一本作业本占位子是不行的，其他同学会把它当成废纸扔掉。你必须摊开好几本书，放上水壶，书本上再放宣纸和画笔，装作你只是出去上个厕所的样子。就这样，同学之间也经常会发生“仇人相见，分外眼红”的事。自己辛苦占的位置被别人“抢”了，心里当然不舒服，偶尔还要老师来做裁判。父亲看到自己的学生这么努力，心中非常高兴。

当然，抢位置就是为了能安心画画。那时候，学生们经常要画到深夜，因为有时候他们的图案非要一次性完成才能出效果。比如画水彩画，颜色特别容易干，如果分两次完成，前后的色彩效果就不一样。底色一次性完成，颜色就很和谐，学生们为此要花几个小时，甚至有时要画通宵，才能完整地完成一幅画。考虑到第二天要上课，老师没办法，经常跑到教室里将学生们赶走，有时不管怎么赶学生们都不愿走的。

当时学生们会来我家，渐渐地，我和他们也愈来愈熟络。有时我会和他们一起听父亲讲课，听父亲点评作品，偶尔还和他们一起去写生，互相观摩、点评画作。

最难忘的是北京考察之行。

那年，到北京写生是由张学文老师带队的。那时候，赖德全他们还是一群捉襟见肘的穷学生，北京的种种让他们很郁闷也很气愤：喝个水要钱，撒个尿要钱，就连坐个公交车也要比我们老家贵5分。于是他有的学生就利用自己的“聪明才智”，发挥所长，画了一张能以假乱真的假月票。他上了公交车后，若无其事地把“月票”拿出来在售票员面前一扬，就理直气壮地走进车厢。这一招还真灵，真让人有些哭笑不得,不知道说什么好。

于是,当晚他们一帮学生都如法炮制,各自为自己制作了一张“月票”。以他们当时的水平,画一张月票可以说是小菜一碟。

后来听他们讲,第二天他们到不同的景点写生,虽然上车的时候心跳加速,但他们仍面无表情,故作镇静,好几次都蒙混过关了。终于,有一位同学经不住这样的刺激和考验,他满脸虚汗、嘴唇颤抖,哆哆嗦嗦地从口袋中掏出“月票”的窘态,引起了售票员的怀疑。他的心虚彻底暴露了他。他被售票员抓了个正着,被北京人民狠狠地教育了一顿,并且乖乖地补了票。从此,学生们也都“痛改前非”,不敢再逃票了。

在职大上学时,学生们都是带薪上学的,很多费用都由单位报销。他们在北京考察、写生,同时也把一些“社会情报”调查搞得一清二楚,比如东单的面条比王府井的便宜5分钱。于是,为了节约这5分钱,他们一帮人就坐上票价2角钱的公交车(交通费单位报销),直奔东单的面馆。到了面馆他们就稀里哗啦吃得热火朝天,辣椒面、胡椒粉、蒜末,能用上的调料他们都用上,直辣得眼泪、鼻涕横流。

有一次,隔壁桌上的调料用完了,坐在隔壁桌的顾客会到他们桌上来拿。这时,他们的班长沈浮为了“维护集体的利益”,便发挥他“老大”的作用,把那顾客的手摁住,“理直气壮”并“义正辞严”地说:“不能动,这是我们的!”那人看着沈浮的架势,再看看他们这一帮血气方刚的后生,便悻悻地抽回了手。后来,他们才知道很对不起那位仁兄,因为那些调料是店家免费提供的。

听我姐姐说,那年,沈浮是班上的班长。平时在专业学习方面,沈浮一直很认真,在班上起着模范带头作用。其实,他玩起来也毫不含糊。那次在北京,他带着几位同学逛街,还差点误了火车。

那天一大早，为预防同学们迟到，沈浮早早地带着一帮同学来到火车站。进站后，他们发现来得太早了，离开车还有很长一段时间。有人提议先到街上逛逛，他们来北京这么长时间，天天写生，还没有真正上过街。这个建议立刻得到大家的赞同，他们留下几位同学看管被子、行李，然后从火车站一拥而出。

走出北京火车站后，他们立刻感受到了京城的雄伟。看到常被印在香烟上的大前门时，他们都禁不住大呼小叫，激动万分。然后，他们又逛起了前门大街，那是北京最繁华热闹的商业区，街上那些别致的建筑群落让他们大开眼界，橱窗里琳琅满目的商品使他们应接不暇，流连忘返。

当他们意识到时间时，开车时间已经很近了，他们火急火燎地往回赶。大街上和火车站里人头攒动，程坤个子高大，用力扒拉开人群，夸张地从他们肩上压过去，引来一片骂声；那些个头小的，也飞快地从人缝中穿过。当他们到达候车厅时，大厅里已空无一人，检票人员正在收工，他们便以百米冲刺的速度飞奔向站台。他们全身冒着热气，挥汗如雨，箭步登上火车，车门随即在身后关闭。他们好不容易找到了班上的同学，大家都庆幸他们终于赶上了火车。

他们惊魂未定，气喘吁吁准备坐下来休息时，才想起自己的行李。问车上的同学，大家说帮他们搬上来了。他们又开始认领自己的行李。其他人都找到了自己的行李，只有邹江新的行李没找到，应该是落在北京火车站了。

张学文老师了解情况后，找到列车长反映情况。列车长听后就告诉他们，只能在天津站下车并等候一个晚上，第二天再到北京站取行李。无奈，张老师为了安全起见，陪着邹江新在天津火车站下车。他们在天津站待了一夜，也冻了一夜。那个年代，群众的警惕性还是非常高的。第二天，当张老师和邹江新接到行李时，火车站的工作人员对他们说，这个无人认领的行李可把他们火车站坑苦了，因为前不久发生过一起安全事故，这个无人认领的大行李放在候车厅里，又引起了他们火车站的一阵恐慌，害怕是坏分子在里面安放了炸弹。他们向铁路公安局报案。公安部门经过细致检查，排除了安全隐患，才把这个行李归放到值班室。姐姐说，当时有同学说张学文老师太倒霉，什么事都让他碰上了。

那批学生中，让我印象深刻的有郭德居、赖德全、朱文和我姐姐王淑凝等人，他们是一帮玩得来的朋友，非常讲义气而且团结。在老师眼里，他们并不是很听话的学生，但都非常聪明，思想活跃。特别是郭德居，他在班上年龄偏大，很有号召力，什么都学得很快，但没有将时间和精力全部用在画画上。郭德居就曾经因为考试成绩的事和老师起过冲突，一帮学生曾经联合起来为他打抱不平。

这件事给我的印象是最深的。那是期末国画考试，在郭德居的成绩报告单上，教师评语一栏赫然写着“考试有人代笔”。当时，受此大辱，郭德居当场就把成绩单撕碎了。赖德全他们也觉得老师做得过分，很为郭德居打抱不平。同学间互相指出不足，帮忙修改，怎么能算是“代笔”呢？

当时，赖德全带领朱文、王淑凝、游亚非等一帮同学去找老师理论。他们告诉老师，郭德居的画，他们都能证明是他自己画的。老师说，按照他平常的成绩，他期末考试时画的画很明显有人代笔。他们问老师：“平常您给我们上课的时候，也经常直接在我们的作业上进行修改，请问您这能算是‘代笔’吗？况且，老师您可以让郭德居明天现场再画一幅,如果达不到这幅画的效果,我们甘愿受罚！如果这幅画确实是他自己画的,而老师拒不纠正这个考试结果,我们这些同学就集体退学!”这些学生平时互相学习,互相帮助,关键时刻更显示出团结和讲义气的一面。在和校方意见不一致、矛盾最尖锐的时候,这帮学生甚至联合起来准备集体罢课。这事当时闹得很大,搞得整个学校都沸沸扬扬的。为此,父亲心中很忧虑。身为当事学生的老师,处境尴尬,父亲一边先安抚学生,避免事态进一步扩大,引起不必要的纷争;另一边站在学生的角度,多次与校方领导交流意见,认为对学生不能够采取过激的处理方式,应该善于疏导。最终,学校征求各方意见,妥善地处理了这件事。这些“调皮捣蛋”的学生,在其他一些老师眼里都不是“听话”的学生,但是在父亲眼里,他们都是非常聪明、思想活跃和有挖掘潜力的人才。

多年以后的事实也证明父亲的做法是对的。当年,赖德全在班上并不是特别出类拔萃,但他思维敏捷,多才多艺,在班上绘画速度很快。在毕业后几十年的艺术创作和工作实践中,赖德全厚积薄发,创造性思维和才能显露无遗。在父亲众多的学生中,他取得的成就最为显著。

说起赖德全,他和绝大多数的瓷都新生代中人一样,也出生于一个陶瓷世家。他的外公张志汤,是景德镇近代陶瓷史上赫赫有名的大家,曾为蒋介石的“抗战胜利纪念瓷”、新中国的“开国纪念瓷”出过作品,享誉瓷坛。赖德全自小寄住在外公家里,常常支颐静观外公伏案作画。就连外公登山写生,他也经常尾随于后。有一次,他妈妈笑嗔他像个“跟屁虫”,他却把头一昂,挺着胸说:“我不是跟屁虫,我要像外公一样,做个大画家。”张老十分喜欢这极有慧根的小外孙,常常趁闲暇教他弹琴、下棋、书法、绘画。赖德全在 8 岁时,琴棋书画已经小有名气了，甚至他外公与他下围棋时，也要输个五六子。每当这个时候，爷孙俩总要较个劲，连晚饭也不吃，甚至挑灯夜战；外公屡败屡战，外孙也欲止不能。到后来，赖德全会故意输一盘。这时，张老就把棋盘一推，抚着赖德全的小脑袋说："走吧。我请你吃馄饨去。"说完，一老一小便牵手出了家门。"一马离了平凉界……"听着他外公哼着戏腔而去，他外婆总会无奈地唠叨着："嘿！瞧这爷孙俩！"

赖德全12岁那年，张老开始教赖德全画瓷器，从运笔拉线条到山水构图，从色彩搭配到意境表达，老的倾心教授，小的专心学。然而，时届74岁高龄的张老毕竟感到了力不从心。于是，他把外孙带到了挚友王云泉家里，求其授外孙以绘画真谛。

从此以后，赖德全一有空就到老师家去，临摹画册，绘作小品。王云泉老师也是循循善诱，诲人不倦。1976年，赖德全被招工进了新华瓷厂，领导无意中安排他到美研所拜王云泉为师学艺。那一天，王云泉老师一本正经地对赖德全说："明天带包茶叶来给我泡水。"第二天赖德全听人指点，恭敬地向师父敬茶。王云泉老师呵呵地笑着说："以前是'干茶'（指有义父子之谊），而今喝了'湿茶'（指有师徒之缘），看来我俩还是挺有缘的。"就这样，赖德全正式成了王云泉的关门弟子。

他后来以优异的成绩考入了景德镇陶瓷职工大学，得到了父亲和施于人的教诲，也曾被秦锡麟等大师所垂青。

喷、洒、浇、画，一步步进行装饰，对陶瓷那自然形成的优美肌理稍加整理，就把抽象境界引向了具象境界。江南水景中的丛林、细雾、晴光、岚气，都"能使人感到内中无尽的气象"，令人回味无穷。这就是赖德全釉上珍珠彩带给我们的独特魅力。釉上珍珠彩是赖德全经过长期摸索和反复试验而创作出来的，填补了景德镇陶瓷釉上装饰的一项空白，为当代陶瓷艺术装饰拓展了一个新的装饰领域。他利用釉料的吸附性和流动性，在光洁的釉面上先做出一个涩面，然后配置了一种能耐800℃的低温釉色，使其阴干后成为吸收油质的粉层，形成一种视觉美和触觉上的质感美。在装饰技法上，他运用喷、洒、浇、画等技法，并以中国绘画的韵律为骨干，吸取西方水彩和油画的长处形成“二重唱”，使其瓷面肌理优美，境界由抽象转为具体，并且在具有自己独特的艺术风格外又体现出了中西交融的艺术感染力。

父亲一生培育了一大批优秀学生，这些学生大多已成为国家级陶瓷大师或省级大师，如沈浮、赖德全、王淑凝、陆涛、巴德尾、徐硕、刘升辉等都是父亲的第一批学生，曹木林、王怀治、涂良如、江振声等则是入室弟子。这些优秀的学生让父亲宽慰和骄傲。

如沈浮擅长釉上新彩、釉下青花，专攻人物、走兽、界画，兼作花鸟、山水，能工能写，技艺全面。他在色彩上勤于探索，将西方的色彩同瓷画笔墨结合起来，成功地形成了自己独特的陶瓷绘画语言。他的艺术特点主要表现为造型严谨，形象生动；构图多变，色彩绚丽；兼工带写，用笔活泼，生机盎然。其陶瓷作品、青花综合装饰《酒中仙》明珠瓶200件在1986年全国陶瓷美术评比中获二等奖，1987年又被中国工艺美术馆珍藏；他于1989年设计制作的《紫金城》系列彩盘、八音盒设计图被美国芝加哥布莱德福特世界彩盘交换中心采用，面向全世界发行；他于1998年设计制作的《金日成夫妻和金正日合影》花兰瓶500件被朝鲜历史博物馆珍藏；他于2007年为纪念中国人民解放军建军80周年设计的《八一军旗》0081号彩盘被南昌八一起义纪念馆收藏。他创作的陶瓷美术作品曾在全国、全省、全市创作设计评比中共获一等奖2项、二等奖7项、三等奖16项、优秀奖多项。鉴于他所取得的成就，

1990年,其人名和艺术简历被编入《中国当代美术家人名录》,《中国民间名人录》《景德镇陶瓷百家》《景德镇陶瓷全集》等也曾撰文介绍其人其作。

沈浮在土与火的熔炼中探索多年,创建了陶艺的独特语汇和时代精神。沈浮陶瓷艺术画笔意取材广泛,但凡山水、花鸟、人物、走兽,可谓无所不及,无一不擅,无一不精,工写俱能。他的作品,达到了形似和神似的统一,既重写生,更重意境的创造和精神的刻画。他作小品,思想广阔,章法奇妙,感情真挚,能小中见大,少中见多,言简而意长。他师法造化,求索心源,不拘泥前人、名人成法,气格豪放,神融笔畅,形成了清新、自然的个人风格。沈浮的陶瓷作品所具有的这种审美质量,正是由他内在的人格质量、审美理想所决定的。他对自然山水有独到的理解和感悟,创作时把情感融入其中。他笔下的山水鲜活可爱,一草一木,一谷一峰,皆有灵性,仿佛是从内心深处孕育出来。其作品意境高远,用笔大胆,用色考究,构图严谨,虚实变化丰富,极具自然之博大,山水之灵秀。

陆涛的祖父陆云山,在景德镇艺坛列"八小名家"之一。其父陆如是景德镇著名陶瓷艺术家,陆氏陶瓷艺术世家第三代传人。陆涛深受其父艺术风格的影响,在陶瓷绘画中引入中国画的气韵与格调,使其作品气势非凡、意境深远。青花斗彩瓷瓶《春江水暖鸭先知》为陆涛的代表性作品,器型宽口、短颈、圆肚,美观大方;画面中描绘的是两只鸭子准备在荷花塘里面下水的形象,惟妙惟肖。他在职大上学时,其父亲陆如也在职大授课。

刘升辉从事陶瓷青花的创作与研究多年,善于表现青花艺术的韵味和节奏,采用青花和综合装饰相结合的方法,作品融陶瓷历史、陶瓷工艺、陶瓷绘画于一体，充分体现和展示出博大精深的陶瓷文化。他的作品既继承了传统，又大胆创新，艺术风格豪放且严谨，大气中透着细腻，工笔写意兼而有之。

曹木林跟随父亲30余年，尽得父亲精髓。他用笔洒脱，构图奇巧，所绘人物豪放泼辣，人物形象惟妙惟肖。他在父亲的入室弟子中属佼佼者，形成了自己古拙奇异的独特艺术风貌。他擅长陶创作瓷粉彩人物，兼中国画，1979年创作的《飞天》粉彩瓶300件被外交部选用为国家领导人礼品瓷。他的作品获国家级奖3项，省(部)、市级奖项10余项。

王怀治的祖父是王大凡老先生。王怀治1963年参加工作，20世纪80年代曾赴南京艺术学院美术系进修，从事陶瓷艺术专业工作已40余年，以人物画见长，兼习山水、花鸟等。他在创作中“驰神运思”，追求作品的“诗情画意”，给人们以较高的艺术享受。他所创作的艺术作品曾在美国、澳大利亚、日本等国和东南亚、香港、台湾等地区展出，他本人也曾亲赴新加坡、马来西亚、香港、澳门等地考察并进行现场表演，深受国内外收藏家的欣赏和赞誉。

涂良如擅长陶瓷粉彩人物装饰，兼攻山水、花鸟，对粉彩、珐琅彩有独到的研究，作品深受海内外陶瓷收藏家的喜爱。其作品风格古朴凝重、典雅大方，题材以诗词意境和平民生活为主，多次在展览、评比中获奖，并一图片形式在陶瓷刊物上登载。国内多家报纸、杂志曾对其做过专访和报道。

江振声是父亲最小的弟子，也是父亲的最后一位弟子，父亲教导江振声非常用心。江振声生于景德镇，幼时得到了良好的家教，无论是学习还是做人，江父都教给了他应该采取的最好方式。江振声的艺术启蒙也是在这良好的氛围中开始的。每天他都被要求练习书法,如果写得又好又多,他就能从江父那里获得奖励。

江振声16岁时进入艺术瓷厂工作,被选为厂里的通讯员。这不是一份轻松的工作,每天早上不到7点就要到办公室,打扫卫生,烧水,传送各种档案,并处理其他杂事,事情繁杂琐碎。

年轻的江振声在这个岗位上展示了自己的耐心和责任感。三年后他获得了一个转岗的机会。作为对任劳任怨的年轻人的回报,厂里允许他任选一个岗位。

20世纪80年代的艺术瓷厂中,最吸引人的部门莫过于美研室,那里云集了景德镇最优秀的工艺美术大师。因此江振声毫不犹豫地选择了美研室,而且是选择和我父亲王隆夫学艺。

父亲教育这个最小的徒弟时也是煞费苦心,他要求江振声每天都练习一个小时的书法,而在拿画稿让江振声动笔之前,则先要他读画。

江振声也十分珍惜在大师足下学艺的机会,每日勤练基础。每每在老师作画时,他便停笔驻足观摩,从构图到画成,每一个步骤都细细留心。

江振声也很快在陶艺上展现了自己的天赋。仅学一月有余,他便创作了他的第一块瓷板画。我父亲看了觉得画得不错,高兴地在瓷板上题跋:“此乃振声启蒙之作,线条流畅,料性二浓,实乃可贵也。”言语之中透露出欣慰关切之情。

江振声在父亲足下学艺整整五年,除了学习父亲的陶艺,他曾说我父亲对待艺术的态度也让他受用终身:“老师有时一两天不动笔,只构思奇巧,下起笔来洋洋洒洒,作品气韵天成。在取得如此高的成就时,老师仍不断看书学习,对待艺术态度之严谨认真让人感叹。”

江振声先生所创作的作品以工笔粉彩人物为主，兼工花鸟，还擅长大型壁画创作，作品多取历史典故为创作题材，精细而大气，传统而新颖，既有民族传统风韵又具现代审美气息。江振声所绘《笑佛》，瓷板上下两端施窑变颜色釉，以色釉在高温下流变形成的肌理效果幻化为寂寥的天空和淌淌的河流；江振声于瓷板中部施画，棕褐色的笔墨皴擦绘出苍古虬拙的树干，一只小鸟栖息在仅有的一条花枝上欢快地鸣啼。树后，一位佛僧悠然盘坐，望着树上的小鸟喜笑颜开。佛僧那圆满的脸庞、胖胖的身躯以及慈蔼祥和的笑容，展现出一副心宽体胖的佛家面相。其人物刻画生动传神，设色古朴典雅，画面布局与色釉分布相契相和，体现了作者构图手法的精妙和人物绘画的高超技艺。

父亲除了在陶职大教学，也曾在函大任教授课。

20 世纪 80 年代中期，中国书画函授大学总校在北京成立。1986 年 7 月，景德镇市书画函授大学分校也应运而生，开始招收学员。这种以书画专业为主的业余函授教育的教学形式，在瓷都景德镇这么一个书画氛围很浓的城市中很受青年人欢迎，其中尤以在陶瓷行业工作的青年徒工报名最为踊跃。几天之内，就有八九十人成为市书画函大的第一届学员。

景德镇市书画函授大学开学后，授课地点设在市群艺馆大楼的二层、三层大厅。学员们年龄差距比较大，最大的近 40 岁，小的只有 15 岁左右。除了市区内的在职中青年，还有市郊农村、乐平、鄱阳等地的青年人从四面八方赶来。办学期间，学校由市群艺馆主办，设立了教务处，由许国胜任教务主任，负责处理排课、管理学生等事务。许国胜工作非常繁忙，但他很尽责，总能很热心地服务于大家，受到大家的欢迎和称赞。

景德镇市政协老委员及老艺术家合影

当时，受聘于市书画函大的教师有陆如、黄卖九、傅荛生、王寿霖（书法）、白海、乐穹、我父亲王隆夫等景德镇的书画名家，德高望重的胡献雅教授、王锡良大师还担任了函大的艺术顾问和名誉校长。

由于书画函大是以函授、夜晚上课为主要形式的，因此，学员们在工作之余的夜间必须赶到学校学习面授课程。那些家在乐平、鄱阳等地的学员，都是提前几个小时，骑着自行车或乘坐公交车赶来上课的，有的为了让任课老师先给自己指点一下作业，更是很早就来到老师家中请老师指教。听父亲说，这些学生的作业有时虽然不太理想，但他们的那种求学心切的积极性、执着刻苦学习的精神，深深地感动了父亲他们一众老师。因此，许多老师本着诲人不倦的态度对其作业进行点评，不仅鼓励他们的学习劲头，同时也指出其作业中存在的不足，还教导他们学画要做“苦学派”。

有的学员为了不耽误课程，还让同事代班，把自己的那份工资让给人家。那时学员们上课都能认真听课，并聚精会神地观看任课教师示范作画，还坚持做听课笔记。当时市书画函大办学条件有限，数十人的大教室里讲课也没有什么好的扩音设备，好在课堂上比较安静，授课老师在黑板上钉一张大宣纸，然后讲解作画步骤——如何运笔造型、用墨、用水、布局、调整，直到完成一幅完整的中国画作品。这种教学方法自然很受大家欢迎，因为它既让学员们直观地感觉到绘画中笔墨技法的运用方法，同时又让学员们懂得了作画的步骤，使学员们受到很大启发。经过每堂课上的多次反复示范传授，学员们的画技都有了不同程度的进步和提高。父亲他们除了夜间面授国画、书法技法，还组织学员们集体反复观看书画函大总校录制的中国画技法教学录像带，增强学员们对中国传统绘画的兴趣，提升学员们的中国传统绘画修养。录像带中讲课、示范作画的都是北京中央美院、中央工艺美院教授以及北京著名的画家李芳禅、李可染、梁树年、白雪石、张世简等，这样难得而珍贵的录像资料，也大大开阔了学员们的眼界，从而更加增强了他们习画的兴趣和信心。

平时学员们书画作业一般是临摹传统绘画中的名作，也有临摹任课教师在课堂上的示范作品的，因为大幅的原作看起来更加清晰，笔墨神韵也很真切，对于练习国画中的笔墨技法非常有利。当时父亲他们采用的是边示范边讲解的教学方式，也就是在黑板上挂一张白纸，从画第一笔开始讲起，边画边讲，一直讲到把一幅画完整地画完。

当时，函大老师们为了帮助学员在掌握笔墨基本技法之后能学会创作，并为学员们毕业后的创作打好基础，还组织学员外出写生。那时，学员们学习的劲头非常大。他们自发地聚集起来，邀请老师带他们去市郊和农村写生，每人都骑着一辆自行车，就像一支轻骑队走村串户，寻找具有审美价值的景物，包括古村、山石、民居和田园风光。那时的李家坳、楂村、洪源、瑶里、江村、观音阁、南山脚下的村庄等，都留下了函大师生的身影和足迹。

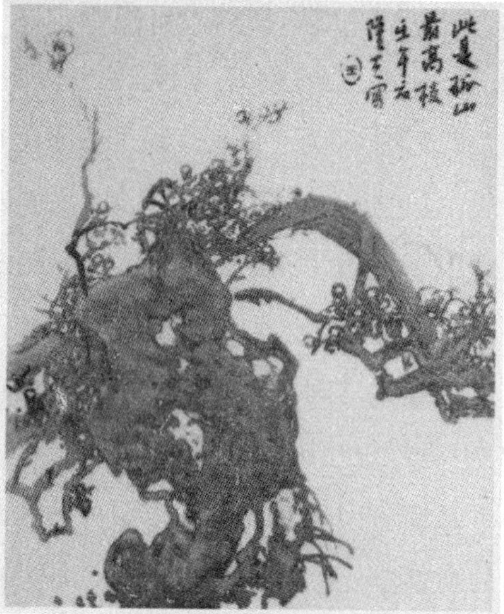

父亲的作品

除了职大和函大里的学生，父亲还有其他众多优秀的学生，他们中的许多人以后都活跃在艺术界，为景德镇艺术的传承与发展做出了巨大贡献。

桃李满天下，众多优秀的学生，让父亲自豪和骄傲；陶瓷艺术后继有人，又让父亲心中十分宽慰。父亲从前人那里接过担子，培养出众多优秀的学生，更加突出了父亲的伟大。一个陶瓷大师，除了要有艺，更要有德。父亲的成绩不单单在于他的作品，更在于他对后人的影响。这是曾经的前辈大师教给父亲的，这也是父亲一直努力在做的。看着景德镇陶瓷青年才俊辈出，陶瓷事业蓬勃发展，父亲心中十分高兴。

30 年后，父亲曾说他更愿意去回顾在校教学时和学生们共同度过的那种单纯的生活，更愿意去感受陶瓷职工大学以及函大那种洗尽铅华的本色。那是一种精神的享受，更是一种思想的洗礼。

十一　父亲的习惯

父亲年轻时最大的爱好就是他的工作。在那时，不工作就意味着没饭吃，所以父亲每天都要练习书画，进行创作。随着父亲技艺的逐渐提升，他接触的人更多了，并逐渐接触到金石篆刻。从那以后篆刻也就成了父亲生活的一部分。

父亲在业余时间没有太多的爱好，给我留下深刻记忆的，是他戴着一副老花眼镜在昏暗的灯光下刻印的情景。随着时间的推移，眼睛越来越不好了，他就将两副眼镜叠起来戴着篆刻，因此，他的绘画线条中具有深厚的篆刻金石味。父亲在绘画构图、篆刻布局、书法文字的出入源流方面，做了大量笔记，写了大量心得。他勤于思考，在考虑问题时，常常将手指甲放在嘴上咬，有时甚至咬出了鲜血，所以他的绘画构图往往十分独特，有无限风光在险峰之境界。

景德镇画院秘书长余彪先生回忆说，我父母由春天花园搬到伊龙佳苑新房时，先将书桌架搬入了新居。在没有桌子的情况下，母亲劝父亲这几天先不要刻印，父亲总是嘴上应和着，私底下又刻着印。没有桌子，父亲就用木凳子当桌子，几乎是弯着身子坐在地上刻印，这种姿势我们年轻人都坚持不了多久，父亲却总是一刻就几个小时。母亲见劝说无用，便过来提醒说不要刻这么久，容易伤身子。父亲总是笑着说"好，好"，但不一会儿，又醉心其中，忘记了母亲的叮嘱。母亲为了这件事还与父亲吵了几次架，说他就是刻印把腰弄坏的。

父亲刻的印章

父亲几乎每天都在练习书法，一年四季，无论寒暑。为了节省用纸，他先用淡墨水写一遍，干了之后再用深墨写一遍。一张废报纸，正反两面，浓淡两次，加起来写四次，他才弃而不用。有时出差不能在家练字，父亲就把他的文房四宝带在身上，一到出差的地方就拿出来练。母亲有时笑话父亲，说他是个痴人。父亲却只是笑笑，有时甚至会同意母亲的看法。

父亲画画写字，不仅继承了古代的传统技法，也十分注重创新。有一次，他准备用一块白瓷版搓料（景德镇陶瓷的绘画颜料）擦白盘子，猛然发现白盘子里剩余的料非常漂亮，形成了一幅水墨淋漓的山水画。父亲在上面加了一点小树、亭榭、飞鸟，烧出来后效果十分好。

还有一次，父亲故意用竹块挑起一堆颜料在瓷盘上移动，然后在上端画上和尚的面部，在下端画上树叶和书，用变化多端的块面与勾勒细腻的线条形成对比，画面也十分新颖可爱。

父亲一生十分俭朴，除了在买石料之类的事上有些花费，在其余方面都十分节俭，比如他从不浪费纸张。他对平时画画、写字的用纸十分看重，有时所要的纸张尺寸与纸张出厂时的尺寸不一样，需要裁剪，剪下来的边角他也不会丢弃，而是根据这些边角的形状，因“纸”制宜，巧妙地构图，画一些小画。即使是废纸，父亲也会拿去包粉彩、颜料。父亲去世之后，我在收拾父亲的遗物时，就发现了好几包用废纸包装好的粉彩、青花颜料。我把颜料倒在地上，将包装纸展开平放在桌子上，看到上面是父亲生前画的梅花一角，没有提款也没有盖印，可能是父亲画了之后觉得不满意，扔了又舍不得，便拿来包颜料了。现在父亲走了，这些纸张也成了我不可多得的“宝物”了，我在空白处题款“父亲隆夫先生辞世后收拾遗物发现此包颜料纸，特补款，以示纪念”，并通过纸张的其他部分将纸张加固，加印父亲的印章。装裱后，我更觉得此物意义非凡。

虽然在生活上十分俭朴，但父亲经常捐款，而且每次捐款一定亲自前往。有时我会劝他说“父亲，您这么大年纪了，就不要每次都自己去了”，父亲却说“这种事情可马虎不得，还是我自己去才放心”。每次捐完款后，他总会叮嘱工作人员“一定要把钱用在正途上啊”。从我小的时候，父亲就教育我说“我们王家能一直传承下来，除了我们王家自己的努力，也离不开别人的帮助，所以我们也要去帮助其他人。这个社会上还有这许多需要帮助的人，或许我们的一些举动只能帮助到一部分人，但若是我们每人都能如此，大同社会就离我们不远啦”。

父亲创作瓷艺作品时善于从书法、绘画、金石、诗词中汲取营养。

父亲也非常重视写生，他总是说，写生画画，首先要注意观察、分析自然，不要看到什么画什么，要删繁就简，要注意取舍；写生就是一种创作，把美的东西取来入画，把不美的东西删除，突出重点，虚化次要的东西，尤其是在陶瓷创作中要尽可能地彰显陶瓷的材质美，不要完全用画面或色彩遮盖瓷质的美感。父亲也多次提到，在创作中一定要注意虚实关系，要疏可跑马，密不透风；涂黑容易，留白难，要讲究深与淡的关系、暖色调与冷色调的关系、线条的粗与细的关系、长与短的关系、湿与干的关系、柔与硬的关系。父亲平常喜欢刻印，喜欢写书法。他说，写出来的书法作品要像刻出来的一样，刚劲有力，力透纸背；而刻印章，要像写书法，刻画自如，得心应手。父亲的教导始终在我脑海里回荡，点点滴滴我都记忆犹新，成为我创作的指导思想。

父亲的作品

父亲画画前，一般会先将一件白坯胎放在桌上，不轻易动手，而是咬咬指甲，思考一会儿，直到胸有成竹，然后一气呵成。他构思的时间往往比画画的时间要长一点，一旦思考成熟，画起来就特别快。父亲生前创作了大量青花作品。他在景德镇的一个大型瓷板制作者刘老大的琢房里画了《三英图》瓷板画——三只雄鹰站立在苍松之上，气势宏大，青花料色墨分五色，浓淡虚实十分恰当，代表三国时期的刘、关、张三位英雄。著名国画家范曾先生站在此画前观察了很长时间，久久不愿离去，最后对众人说父亲这幅作品“没有多用一滴墨，洗练而精到，实为神品”。

《三英图》

年少便小有名气，使那时的父亲免不了有点沾沾自喜甚至骄傲。但是小时候的穷困经历，曾祖父和祖父的教导，生活依旧艰难的现实，以及同辈也不乏出类拔萃者，让父亲明白自己要走的路依然很长很长。一开始，父亲或许也没想过自己的一生将与瓷结缘。父亲只不过是想有口饭吃，让家人过得更好一些而已。但是随着时间的推移，父亲渐渐沉浸其中。从年轻时起，父亲就将热情全部投入创作之中。父亲用创作表达他的喜怒哀乐。

在生活中，父亲爱喝酒，而且酒量很大。我也不知道父亲是什么时候养成喝酒这个习惯的，也许父亲因为天生酒量大，慢慢地便习惯了喝酒。我也遗传了一点父亲酒量好的基因。我们两个人出去和别人吃饭，一喝酒常会把人吓一跳。

以前家里并不富裕，没有多余的钱买酒喝，只有在偶尔的酒宴上父亲才能喝上一两口。后来家里渐渐富裕起来,父亲喝酒才多了起来。但是毕竟年龄大了,喝酒多了伤身,家里人便常劝父亲少喝一点。父亲也应和着说是,在家里有母亲盯着时喝得并不多,但在外赴宴时总会忍不住贪喝两杯。

有时候父亲会在创作之前喝几杯酒,借着酒意将心中酝酿许久的想法一气呵成全部流露在笔尖,画完之后便回床休息。而父亲凭酒意所创之作,常常是精品。父亲这些看似酒后随意之作,有些确实是父亲有感而发、即兴所作的,但大多是父亲思虑已久但一直未敢下笔的。哪个艺术家都想创作出优秀的作品,可是谁又能够保证呢?父亲不想放弃任何一个好想法,有时却又心忧自己不能好好发挥,糟蹋了一块白胚,可惜了一个创意。所以,不如就凭着酒意来化解心中的顾虑,凭这股借来的勇气,酣畅淋漓地全部画出来。

十二 成就

1978 年,父亲在自己创作的四尺二的大幅瓷板画《大观园》中,不仅塑造了金陵十二钗各自鲜明的个性和鲜活的形象,而且对于想象中的整个大观园的环境,通过布景构图,将其中的湖光山色、亭台楼榭及时花候鸟按远近俯仰的视觉角度安排得井然有序,浑然天成,让人看后大有身临其境、思游思居之感。在上海举办的全国工艺美术作品展览会上,该作品观者如云,受到的好评如潮。《新民晚报》载文赞它“清水出芙蓉,天然去雕饰”。

1979 年,父亲被景德镇市政府授予“陶瓷美术家”称号。同年,他出席在北京召开的全国工艺美术工作者代表大会。其后，他的不少作品被国家美术馆收藏并享誉东南亚各国。

1986年，父亲创作的四帧一套的《四爱图》粉彩瓷板画，在第六届全国工艺美术百花奖评审中夺得了“金杯奖”，为企业、为瓷都争得了声誉。此后，他的陶瓷、国画、书法等作品先后荣获国家、省、市级奖项10多项，他本人也获得了“中国工艺美术大师”称号。

1990年，父亲创作的一件《六鹤同春》粉彩花鸟万件瓶以12万元人民币的高价被印度尼西亚华商收购，创下了全国产瓷区单件瓷换汇率最高的新纪录。

父亲绘画时具有极好的控制形的能力，在笔墨技法的发挥方面能够达到汪洋恣肆、淋漓尽致、无所顾忌的程度，而对于人物的造型和意境品格的追求，则是他在20世纪五六十年代获得成功的一大因素。他的画作，选材十分宽泛，古今中外，南北西东，各色人物，都有涉及，但其表现的风格却是典型的南方清逸优雅的风格。父亲笔下的古衣冠，多是高贤、逸士和文人，往往取其萧疏、恬适、蕴藉的一面；道释佛儒，则取其静穆、庄重、威武、神勇的一面；而仕女、名姬、闺秀，亦讲究纯清、形美、内秀和娴静的一面。他的用色、用线，舒缓平易，疏而不漏，以高古游丝描、钉头鼠尾描或铁线描为基调，辅以微妙的铿锵顿挫之功。而在用墨、用色上，他却以简为上，以和为贵，尽可能单纯，尽可能轻淡，同时又在单纯和轻淡中营构醇厚的韵味，尤其是在造型和布局上总是施以明确的变形意绪，在因势利导的平展化、萧散化、空灵化的过程中，捕捉人物形象的视觉张力。譬如他画《八仙过海》中的曹国舅，一反传统程序，把曹国舅画得衣冠不整，一手抓帽，一手拎靴，那种鄙薄俗世、不恋红尘的神态便跃然瓷上了，让人在哂笑之后复有沉思，然后抚额称绝。

《八仙过海》瓷板画

薄胎是景德镇特有的传统工艺瓷。父亲在一件口径为 28 厘米的“薄如蝉翼，轻若浮云”的薄胎碗上，采用通景式的构图，绘画了八仙过海的神话题材。该作品荣获了全国陶瓷美术设计评比的一等奖。

在 1978 年十一届三中全会召开几年之后，改革开放政策在全国逐渐实行开来，开放经济不断地得到开展。20 世纪 80 年代，这股春风也从沿海地区吹到了景德镇，景德镇地区也开始招商引资，因此来了各地商人，特别是港台地区和东南亚地区一些资金雄厚的商人。父亲的作品销路不错，再加上我和大姐从学校毕业参加了工作，为父亲减轻了压力，家中也就慢慢有了一点积蓄。

此后，父亲渐渐从教学工作中退出来，之后又收了一个关门弟子。最终，父亲结束了教学工作，有了更多的时间，得以将主要精力用于艺术创作。即使如此，父亲依然喜欢跟后辈年轻人在一起，时常关注年轻人的事，提携有才能的年轻人，为他们提供平台，并加以指导。

有了更多的时间和精力去思考，去追寻自己的艺术创作，所以父亲在 20 世纪 90 年代迎来了自己的创作高峰。父亲过去半生的学习积累以及他的人生磨难、历练所得，在这一时期集中爆发了出来。

第三章

新时代的父亲

一　继续创作

从来到地球的那一刻起，在有限的时间和空间里，每个人都在想着如何度过这漫长却又短暂的一生，想着如何在这美丽的地球上留下自己来到世上的足迹。虽然人人都有雁过留声、人过留名的志向，但是事实上有多人至老也仍默默无闻，往往感到失落和无奈。青春无悔对他们来说只是一个自欺欺人的谎言。世上没有后悔药，人生在世不过百年，若尚年轻无所作为，那回首便是百年身。雷锋说：“青春啊，永远是美好的。可是真正的青春，只属于那些永远力争上游的人，永远忘我劳动的人，永远谦虚的人。”我的父亲出身陶瓷世家，在年轻时做出了自己正确的选择，经历过艰难的时刻，付出过最大的努力。我想我的父亲是可以说一句“青春无悔”的。

我的父亲在无情的时光中努力成长，一步步在陶瓷艺术这片天地里留下自己的见解和成就，同时终究还是抵挡不住岁月的迁徙，鬓角上飘下了雪，额头上留下了时光的刻印。父亲步入老年后，虽然亲朋好友劝其应该停下脚步，减少工作量，好好享受家庭的幸福，但是他仍然对工作、对陶瓷艺术、对生活充满了热情与追求。这一切,都是父亲在经历了早年的磨砺之后对珍惜时光所做出的努力。

父亲在创作

将近花甲之年时,父亲本可以退休,在工作室潜心钻研篆刻艺术。但是,父亲因为热爱陶瓷,希望能够尽自己的绵薄之力继续进行制陶教育,学校方面自然希望这位大家能够继续为学校效力,为陶瓷艺术做出更大的贡献。但是,在家人及朋友的极力劝阻下,父亲也就停止了继续回去教学的念想。父亲终究对陶瓷爱得深沉。一天午后,他来到艺术瓷厂与领导谈话,说是想尽最后的绵薄之力,对传承、发扬陶瓷艺术做出更大贡献。校方领导说,于理,老师您已经到了法定退休年龄,我们便是极想留您在我校工作,那也说不过去;于情,您的家里人也想更多地与你共享天伦之乐,让你少在外奔波劳累。

父亲出身陶瓷世家,潜移默化之中萌生的对陶瓷的热爱,激发了父亲在这条道路上前进的动力,并在这条道路上得到了亦师亦友的老师王锡良的教导和支持。父亲早年虽为生计所迫,但也并未成为一个只会循规蹈矩的普通工匠,而是凭借自己的天赋和勤奋,在陶瓷艺术这片天地里走出了一条属于自己的道路。父亲自己走出的道路不仅自己能沉浸其中,也得到了很多人的认可。1995年,父亲获得了“工艺美术大师”的称号,这是众多艺术家和同行对父亲陶瓷艺术见解的认可,同时,也是对父亲传承并发扬陶瓷艺术的一种鼓励。在获得这个称号后,父亲与老师王锡良及其他好友聚在一起。老师调侃父亲道:“在景德镇,瓷器遍地,人人都以烧瓷器来谋生,又因为瓷器价格在景德镇比较低,大家都对烧瓷器这个手艺不以为然,还有些自卑,不敢对外说自己是手艺工匠。而隆夫你像是把自己是手艺工匠这几个字贴在了额头来昭告路人自己就是个工匠。”父亲笑着说:“我师从老师您,自当有如老师您这般对瓷器热爱,对工匠自信。不过,作为学生,我也想给老师争些光,给景德镇的工匠们争些光,想青出于蓝而胜于蓝,让大家都能够多给工匠些信心与尊重。”大家听了父亲的回答,齐声哈哈大笑。

父亲常常在工作、创作之余教导我:“我们是陶瓷手艺人,系之于身的不仅是这名号与荣耀,更多的是一种责任。我们可以为生计所迫,用此谋生,但是,我们的作品绝对不能为谋生而作,那样的作品将流俗,将没有任何艺术价值。我们传承给下一代的应该是我们以瓷为纸、以画入瓷的创作方式,作品应该有独特的创作手法和鲜明的创作风格。”

从教师岗位上退休后,父亲的创作时间更加充裕,创作压力也小了许多,也有更多的时间去做自己想做的事情和自己应该去做的事情了。退休后,父亲的作品,内容更加丰富,创作手法更加成熟,数量也比以往多了许多。为了传播景德镇陶瓷文化,宣扬景德镇瓷板画艺术,父亲在晚年带着我在全国很多城市办了多次家族陶瓷展,都获得了媒体和相关艺术家的一致好评。在父亲80岁之际,我对父亲说:“您已经

80 岁高龄了，这之后办画展、陶瓷展之类的事情不必亲往。我和父亲一同办了这么多展览，也有了许多经验，交给我就可以了。”

对于景德镇陶瓷文化和瓷画的传承，父亲认为“天机云锦用在我，剪裁妙处非刀尺”。瓷画追求设计上独具匠心、质量上精益求精、技艺上尽善尽美，在创作中，创作者要秉持严谨、耐心、专注、创新与拼搏等态度和精神。以瓷画的传承推导景德镇传统陶瓷文化的传承与发展的内涵，那便是传承绝不单单是技艺的传承，更是态度与精神的传承。父亲还认为，“饮水不忘源”，景德镇因陶瓷闻名，这里的人们依赖陶瓷生活，我们生活在这里，陶瓷传承至我们这一代，我们便不能抛弃陶瓷、遗忘陶瓷，而应该承担起我们的责任，奉献出我们的力量，不管这力量是大还是小，至少我们付出过。父亲常常这样教导我，有时也会引导身边的人，希望他们也增强这方面的认识。记得有一次，一位陶瓷友人来我们家拜访，聊艺术，拉家常。忽然，大家谈到友人儿子的出路问题。那时，他儿子也算是站在了人生的十字路口，面临着人生抉择，对于应该从事哪个行业有些迷茫。父亲面带笑容地对他说，自然是如你一般，共同往陶瓷方面发展啊。之后，父亲便侃侃论起他对景德镇陶瓷文化传承的认识和对就业前景的看法。这位友人虽频频点头，但内心恐怕还是对景德镇陶瓷文化发展的前景忧虑万分。他说：“我虽然在陶瓷这条道路上见到了一丝曙光，但这光恐怕无法照耀到他这一代啊。而且我也没有前辈您这样的条件啊，身处陶瓷世家，有名望，有实力，更有技术。我儿子若是走上这条道路，恐怕是要他自己来开创一条道路啊。”父亲说：“若是这样，如果你儿子有天赋的话，不如我来做他的师父啊。”朋友开怀大笑：“能仰前辈之名，学前辈之技艺，我的儿子自当是前途无量。可是前辈您年事已高，不可过多操劳啊。”父亲见状，仍在坚持。朋友见父亲如此热情，自己又再三婉拒无效，便暗示我来说几句。最终，我坐实了“恶名”，被定了个无法推脱的“罪名”。从那之后，父亲若是想起这一茬，便仍会时常指责我，说对你教导再三，可是你仍没有那担起天降大任的责任感啊。父亲的教导我一刻都不敢忘，只是我心疼父亲的身体，希望父亲能安享晚年，避免过多操劳。传承这文化与技艺，我辈自当在有能力之时及时担起。

父亲对景德镇陶瓷文化的传承不遗余力

水育一方净土。昌江河源自高山，汇入鄱阳，流入长江，养育了景德镇，使景德镇的人们能够在这片土地生生不息。在滚滚的历史长河中，景德镇在昌江河的养育下不断成长，源源不断地注入历史与文化气息，成就瓷都美名。景德镇的成长少不了景德镇工匠们的努力，可随着时代发展、社会变迁，工匠们也会遇到瓶颈，特别是工业文明的发展给工匠们带来了巨大的挑战。面对挑战，有人选择退出，有人选择流俗。缺少工匠们的努力，景德镇就将在新时代被淘汰，被新事物所取代。父亲起于陶瓷，热爱陶瓷，自然不会丢弃陶瓷。他选择与其他热爱陶瓷的同行者共同担起时代的重任，使陶瓷能够在新时代重放异彩。

从一般生活的角度来说，我的家族的历史和民族的历史一样，是一条长河，恐怕毕我一生之力，也不能穷尽万万分之一的奥妙。家族和陶瓷的结缘已久，一方面，我为身上流淌的陶瓷血液感到荣耀和自豪；另一方面，自呱呱坠地之日起，我即在这条长河中浸泡，已经难以说清到底哪一抔水对我影响最深。生于斯，长于斯，我已经和这条家族河流融为一体。只不过，顽皮和淘气的我并不满足于潜行，而是时不时爬上岸来，看看风景，反观自己的投影，既陶醉于这条长河的壮阔，也为自己的这种历史渊源感到自豪，同时又感到一种对于未来的惶恐——我们将流向何方？这条已经流淌千年的长河会不会在将来越来越窄，越来越浅，终有一天消失不见呢？因此，我在感到随波逐流的适意的同时，更为这种迷失方向的放任自流而感到惊惧。我们顺历史长流而来，有责任也有义务使这条大河继续向未来伸展，让更多的后人在这条长河中汲取营养，从而修炼技艺，成长为历史的传承人。

二　与时俱进

“融古汲今，自成蹊径，后生可畏”是前辈刘雨岑、卓安之等人对父亲画风的评价，是中肯、恰当的。父亲总是向前辈虚心求问，向晚辈不耻下问，只要能够吸收到优秀的创作风格、手法、技艺，就不会放弃任何一个学习的机会，博采众长，锐意创新。

早年，父亲师从王锡良老师，在老师足下潜心学习。每每有新作完成，他便会携之向“珠山八友”之一的耆宿王大凡和老师王锡良请教，希望前辈和老师能够指出画中的不足和创作过程中的改进方法。父亲

王锡良老师和父亲

后来精工花鸟，也是早年向大师刘雨岑学习的结果。当时父亲向前辈刘雨岑请教画花鸟，刘雨岑见父亲学习心诚，便欣然赐教，在除夕夜摆开桌子，即席教学。1961 年，父亲在参加华东地区工艺美术展时，有幸与师从吴昌硕的潘天寿前辈住在同一酒店中。父亲听说有机会与潘天寿大师对话，便欣然夜访。两人促膝长谈，聊得十分投机，相见恨晚。父亲是十分仰慕潘天寿老师的，此次正满足了父亲的心愿，给了父亲一个向潘天寿老师学习的机会。那次长谈之后，因为种种原因，二人不便见面，父亲只能遥寄书信，投书寄画，遥聆师长教诲、指导。除了亲自向诸多前辈请教，进行书信来往，父亲还会以祖父珍藏的一些古代书画名迹和旧时金品卿等挚友赠送的字画瓷器为范本，追其笔踪，习其气韵，取其之长而补己之短。

步入晚年后，父亲仍怀学习之心，总觉自身能够更加完美。父亲常说："一个艺术家切不可过早定型，不定型就能博采众长，集百家之大成后方能厚积薄发。从这个意义上来说，不定型就是最好的定型。"虽然父亲晚年在书画、篆刻、瓷画等创作中有了自己独特的风格，形成了自己的作品特色，亦即定型了，但是，他仍孜孜不倦地学习。晚年时的父亲如早年学习祖父珍藏的字画一般，常常在阅读《艺苑掇英》本艺术杂志的过程中，对那些自己认为绝佳的上等之作加以临摹，有时在兴奋之余还会拉上我一起临摹，相互切磋。我的阅历和技艺自然比不上父亲，父亲总是对我大加鼓励，说我的作品可圈可点，也会指出我作品的不足之处，告诉我改进方法。他教导我说："这些作品多是上品佳作，多加临摹，定能提高自己的水平。也不用怕自己会眼高手低，现在可能暂时练不好，但眼光练高了，也便能将那些画作中的优秀成分、点睛之笔学为己用了。"

创作时的父亲

父亲的眼光、思想与时代同行而不落伍的原因是好结交年轻之友，余效团、吴能、胡晖、余彪等都是他的年轻好友。父亲步入晚年后的生活，除一般作息，便是创作和走访好友。在走访对象中，毕渊明前辈是父亲经常走访的。毕老比我爷爷大两三岁，年轻时走南闯北，积累了许多人生阅历，读了许多古典文学作品，知识面广泛，书法、篆刻、绘画俱佳，又是"珠山八友"中王大凡的女婿。父亲在年轻时便在毕老身上学到了不少东西，后来更成为挚友，两人也常常在一起切磋技艺。退休后，父亲若没在家中或工作室，那便是在毕老家，而外便是在一些年轻好友的工作室中欣赏他们的最新画作，感受这些年轻人身上的朝气了。

父亲晚年依然保持了年轻时晨跑健身的习惯，春起看朝阳，夏起听鸟鸣，秋起顶落叶，冬起逐风寒，一年四季，若是无特别事务，父亲一般都会早起健身。因此，父亲步入晚年后，身体仍格外硬朗，精力如往常充沛。2014年春，我随景德镇学院专家团应美国教育部门邀请到美国访问，父亲也随团参访，从纽约州到伊利诺伊州、路易斯安那州，跑遍了大半个美国。那时父亲身体状况很好，没有一点倦意。在纽约大都会博物馆，父亲对每一件陈列品都认真观察，对中国的文化珍品更是细心观摩。因为早年时常练习心摹手写，对过目的作品能够熟记于心，所以父亲在回到酒店住处后，便会拿出创作用品，将博物馆内陈列的作品摹画下来。

在美国期间的父亲

父亲在笔墨技法方面的发挥能够达到汪洋恣肆、淋漓尽致的程度，在控图描形方面也达到了一种高深的境界。父亲的作品，多追求人物造型和意境品格，画作选材十分广泛，古今中外，南北东西，各色人物都曾涉及，深有韵味，但表现出来的风格是典型的南方清逸隽雅风格。这都是因为父亲在学习瓷板画、篆刻、绘画等时，博采众长，锐意创新，不拘泥于一种创作风格，在准确的意境表达中，利用多种艺术手法和不同的表现形式，使作品表现出更大的张力。

在父亲的工作室旁住着一位比父亲大30多岁的填颜色的老先生，名叫万履忠。父亲对我说，别看这位老艺人年纪大，但十分勇于创新，值得年轻人学习，他走路时若是看到路旁有一块颜色比较漂亮的鹅卵石都会捡回家，把它磨成粉，然后填到瓷器上去，虽然这么做老是出毛病，但又总是有突破传统的亮点。父亲还说，万履忠老先生发明了用洋油着粉彩层次的洗染方法，效果非常好，而历史上的粉古彩洗染一般都是用水洗的，色彩渐变效果僵硬，万老先生不想让其他人知道他发明的方法，所以只在上班工作时拿出工具来，下班就将工具藏在抽屉里。有一次，其他人趁他上厕所时闻了一下他的工具，才破解了他的方法，他的发明也就成了陶瓷美术界的美谈。虽然这是个趣谈，但是也说明艺术不可不变，只有创新才能够继续发展。

商鞅说“治世不一道，便国不法古”，韩非说“不期修古，不法常可”“世异则事异，事异则备变”，张载说“学贵心悟，守旧无功”，程颐说“君子之学必日新，日新者日进也。不日新者必日退，未有不进而不退者”，自古以来，人们不断地认识到“新则进”的道理。近观中国发展，更是对这一道理进行了完美诠释。在改革开放的浪潮之下，中国经济一改过去的低迷，开始迅速崛起。如此，我辈又岂能守旧呢？父亲正是认识到了这一点，所以一直强调师古人不如师造化，虚心请教诸多大师，希望能博采众长，不拘泥于自己的手法；更向年轻人学习，使作品充满朝气，拥有朴素自然的美感，兼具“家族”和“学院”的特点。因此，父亲的作品常被外界赞为“清水出芙蓉，天然去雕饰”。

父亲认为在创作方面要创新，画风不能过早定型的理念，让我想到了晚年的齐白石。大师齐白石，本是个木匠，因为对绘画感兴趣便开始自学画画，最终成为一名画家。大师自学成才，功力却异常深厚，为外界所欣赏、敬仰。他的画也荣获了世界和平奖。面对这些被外界称道的成功，齐白石仍然孜孜不倦地学习画画，汲取历代名画家的长处，改变自己的创作手法与作品风格。他多变的画风犹如万花筒般给人惊喜。他60岁时画的画明显不同于60岁以前画的画,70岁时画的画又明显不同于70岁以后画的画,即使到了80岁高龄,他作品的风格也仍在变换。据说,齐白石在一生中曾五次变换画风。齐白石五易画风,自然是齐老对画画不懈追求与热爱的表现,也蕴藏着他乐于创新的理念。我不敢说父亲达到了大师齐白石的境界,但是,父亲的思想理念是与大师齐白石的理念是不谋而合的,父亲对学习瓷画的态度也和齐老对待画画的态度有几分相像。

研究陶瓷或者知道景德镇历史的人都知道,景德镇陶瓷业从默默无闻到声名大振,并不是一蹴而就的,且其间也经历过低谷。但景德镇陶瓷业从未在低谷中一蹶不振,究其原因,便是创新。在五代时期,景德镇生产的白瓷和青瓷并无突出地位,只是在“南青北白”的陶瓷格局下夹缝中求生存。北宋时期,景德镇陶瓷迎来了它的第一个转折点。在这个时期,景德镇的陶瓷制造行业在承袭定窑制作工艺的基础上,创烧出了一种胎质洁净而釉色青白的特殊品种。这种瓷器白中闪青,青中透白,就是俗称“影青”的青白瓷。这个品种的瓷器质地优良,精致细腻,迅速占领了当时瓷器市场的大部分份额,还远销至日本、高丽、东南亚等周边国家和地区。这种创新生产在创造市场、扩大市场、壮大自己的同时,还给这个小镇带来了以宋真宗年号“景德”命名的特权。景德镇名由此而来,它的陶瓷生涯也算是正式开始了。但是随着时代变迁,市场需求也在跟着变化。14世纪初,市场对于青白瓷的需求急剧下降,青白瓷的生产也随之减少,景德镇陶瓷业遇上了它的低谷期。如果景德镇当时还不更新生产技艺,还不改变制作工艺,那么,景德镇陶瓷业的繁荣景象也只是昙花一现,景德镇陶瓷业很快就会被历史除名，重归默默无闻。但是，现在我们都知道，景德镇陶瓷的历史仍在延续。面对青白瓷需求的衰减，景德镇的工匠们极具创新精神，创烧出一种乳浊状的白瓷，即“枢府瓷”；同时，为了满足中东市场对瓷器的需求，创新生产了釉下蓝彩（青花）瓷。这种釉下蓝彩（青花）瓷在中东市场极受欢迎。就这样，景德镇陶瓷业在冲击之下奋起反击，创造出了属于自己的历史。后来，景德镇青花瓷更成为元朝的朝代特色，成为中国一张耀眼的名片。在明清时期，景德镇釉里红的成熟，釉下青花和釉上五彩相结合的斗彩的出现，各种色釉的创新，以及器物形制应市场需求而创新，使得这个时期的景德镇陶瓷业更加蒸蒸日上，瓷都名望更加稳固，响彻海内外。如今，景德镇陶瓷业又处在了一个岌岌可危的时期，各方面都在衰落，主要原因就是缺乏创新，满足现状，故步自封，无法与市场结合，技法、造型、色彩及设计观念都还停留在传统上。景德镇陶瓷业若要再次创造历史，唯有创新这一条路，通过接受主流设计风格、迎合市场需求来跟上时代的步伐。

景德镇陶瓷

父亲自学陶瓷艺术以来，博采众长，锐意创新，吸收了多位优秀艺术家的优秀创作手法，虽无齐白石五易画风之佳话，却也仍在业内为众称道。父亲擅长粉彩古代人物画，作品讲究立意，注重修饰，追求静水深流的艺术效果。父亲用笔繁简有度，该描写细节的地方，即使画上十天半个月，也乐意为之；而在无须过多修饰的地方，往往一笔带过，生怕作品看起来画蛇添足。同时，父亲还兼工山水、花鸟画。父亲的这类作品多设色清雅丰润，构图巧妙自然，能够将高难度的艺术表现形式生动形象、简单易行地表现出来。父亲在创新方面的努力皆呈现于作品之上，所以作品才这么受大家的欢迎。我们个人之命运系之于景德镇的命运。如今景德镇日渐衰退，唇亡齿寒，个人的创作也势必坠入低谷。因而，身为陶瓷艺术家的我们应该共同发扬创新精神，创作时代欢迎的作品，担起景德镇兴起之重任，让景德镇重放异彩。

父亲的粉彩古代人物画

景德镇这条陶瓷艺术大河唯有善于吸纳营养才不会干涸,才能越来越宽,越来越深,在这样的大河中游泳,只会让我们越来越惬意。我时常思考如何在继承传统的基础上进行创新,如何吸收传统营养又不泯灭自己的艺术个性,如何形成自己的风格特征又不故意标新立异,如何根据自己的禀赋和气质适时修正方向,让自己游得更远。水利万物唯其下,水最柔软,也最刚强。我深知,任何强行筑起大坝或者引流开源的做法都是狂妄的。我唯愿自己始终浸泡在这传统的大河中,同时探出脑袋,看到陶瓷以外的天地,看到中国以外的世界,看到现在,看到未来。明乎此,我也就知道了自己的位置,也就得以协调自己和这条大河的关系,从而让自己更好地融入其中,成为浪花一朵,和先贤,和后来人,一起继续奔腾前进。

三　创　作

父亲的青春时期是在学习瓷器创作的过程中度过的,青年时期是在教学瓷画的过程中度过。花甲之年从教学岗位上退休,在收了最后一位弟子——江振声后,父亲仍在瓷画创作领域笔耕不辍。同时,为使自己的瓷画技艺更上一层楼,父亲对绘画、书法、篆刻等瓷画技艺相关技能也有涉猎——父亲一直在努力完善自己。

回想父亲的艺术生涯,既能看到父亲生在陶瓷世家的先天优势,也可以看到父亲在艰难环境中逆境生长的后天经历。跌宕浮沉之中,父亲见证了景德镇艺术瓷厂的成长,看到了“潮室”到“还经楼”的变化,并曾为它们付出过最大的努力,而父亲自己也从中获得了成长和进步。

在繁华的珠山中路游逛，随意找一个路口探索，绕过房屋，走到那条古色古香的“红店街”，你便会豁然开朗：连接着“红店街”的莲社北路正对着的那处繁华之地，许多年前曾矗立有景德镇乃至中国陶瓷业的翘楚——艺术瓷厂。艺术瓷厂以生产釉上装饰陈设艺术瓷为主，是一个家喻户晓的名厂。艺术瓷厂自建立之初到停产改制，有过辉煌，有过低迷。在艺术瓷厂的低迷时期，父亲和姐姐曾经为它贡献过自己的力量，帮助它再现辉煌。“打虎亲兄弟，上阵父子兵。”父亲和姐姐这对父子兵，同其他父子兵，如毕渊明前辈及其子女、余文襄前辈及其子女等，共同努力，为瓷厂获得奖项，为瓷厂带来荣誉，为瓷厂提升名望，同时，也搞过许多创新，更新过许多陈旧的观念，为艺术瓷厂带来新风。父亲还曾同这些前辈一起，在艰苦卓绝的时期里将艺术瓷厂代入白金时代。

父亲在艺术瓷厂时和艺术瓷厂其他著名艺术家的合影

在还没有搬到市内小区居住时，我们全家居住在新村一个砖木结构的陈旧房子里，父亲的工作室也在那个狭窄、破烂的地方。而父亲的工作室也并未有什么特别之处，同样是木制的门窗，不透光，在冬天寒冷的时候，关上门窗，室内便陷入一片黑暗。虽然冬天寒冷难耐，但是为了创作，父亲还是会半开木窗，借助从外面投射进来的一点自然光来进行创作。有时寒风吹来，会将宣纸一同带起，给还未用来创作或者已经进行创作的内容“添油加醋”，父亲便只能弃之重作。那时，创作材料紧缺也是父亲一个大难处。对于这些被破坏的宣纸，父亲也会用来进行书法练习。寒风的“捣乱”尚在可忍耐的范围内，雨水的侵扰可就使父亲面临巨大的挑战了。在阴雨天，天上下大雨，屋内便下小雨。室内潮湿，拿一个盆去接那从屋顶滴漏的雨水，雨水便又会开始它的另一番“表演”。不过，伴随着雨水叮叮当当的“伴奏声”，父亲仍能气定神闲地在这个潮湿的地方进行创作。这个时期的作品，父亲都会题款“画于潮室”。“文革”结束后，在动荡时代被掳走的书画与陶瓷精品虽都已经没了踪影，但是那本被三代研读的《易经》被还了回来，于是，父亲将曾被命名为“潮室”的旧宅重命名为“还经楼”。

1993年初春，某刊物为感谢启功先生为刊物题字以及对教育事业做出的贡献，邀请父亲为启功先生制作两件精美的陶瓷工艺品。父亲制作的两件精美的礼品，一件直径约为五寸的印泥盒，盒盖上印着挺拔秀丽的翠竹；另一件是高约两尺的剑筒，上面画着一个捧着硕大蟠桃的鹤发童颜的寿星，其上还有父亲题赠的一首七绝：“蟠桃一熟九千年，曼倩移来庆寿诞。才露齿牙甜胜蜜，顿叫凡骨变成仙。”启功先生收到父亲制作的礼物后十分感动，充满感激，听闻我父亲的画室名曰“还经楼”，便欣然提笔为画室题字赠予父亲。如今，这幅字仍挂于我家客厅中央。每每看到启功先生的“还经楼”题字,我便会想到父亲那段“画于潮室”的时光。

启功先生题写的“还经楼”

1995年,中国经济不断发展,人民的生活水平较二三十年前也有所提高。但是,那时父亲的生活与工作仍然充满艰辛。在香港的中艺(华润)大厦的环绕壁画中,你可以看到一幅反映中国传统文化的壁画,那是父亲与艺术瓷厂的工人们共同努力创作完成的。这幅瓷壁画,从经过谈判确定瓷画主题,确定色调,绘制初稿,到最终绘制完成,装箱发往香港,前后历时将近一个半季度。主题是在我和父亲同香港派来的设计人员共同谈判、商讨下确定的。当时他们的要求是画作要使人感受到飘逸浪漫、诗意盎然的意境美,使诗歌和绘画相互交融统一,也就是诗画结合,虚实结合,情景交融,能够反映中国深厚的传统文化底蕴。起初,设计人员与瓷厂艺术领导商讨,领导再三思量也未能确定,便将此事交于父亲,由父亲负责。父亲前后也思考了足有一星期左右。他常闷于房中,查询数据;或滔滔言语,与我集思。其间,他虽未到茶不思饭不想的地步,却也会在茶余饭后常皱眉头,作有思状。最终,“洛神赋”这个主题得以确定。父亲对设计人员说,这个主题以三国时期曹植所做辞赋《洛神赋》为创作蓝本,曹植此赋,描写有实有虚,曹植也填筑了大量的思想感情在里面。如此,主题便确定了,此后的工作简单却也繁缛。确定主题后，父亲以古卷色为主色调，与我一同绘制了缩样初稿。缩样初稿完成后，先由设计人员带回香港让上层领导商量，征求意见。事情并未有太大的变动，香港领导看了这份缩样初稿，觉得甚是符合他们的意想。设计人员回景德镇后表示，香港领导同意大面积制作。接到这份任务，因为工作量巨大，时间异常紧迫，艺术瓷厂便召集了30多名绘制人员参与绘制。画绘制完成后，要炉烧，拍底色，然后再炉烧。作品长达96.3米，为了方便运输，制作人员对每块瓷板砖进行了编号，然后将其完全拆解，装箱，运往香港。当时，是由父亲与厂长夏山东以及任义平老师共同前往香港指导安装的。那时，香港还在英国人的统治之下，为了不丢国人的脸，展现中国的经济风貌，父亲便与同事商量在出发前到上海用自己的经费各自定制一身西服。办理了赴香港的一应手续后，父亲便与同事出发了。父亲此去香港，前后指导安装这壁画便花费十天左右的时间。父亲还借着这次出差的机会从香港带回了一台日本产的彩色电视，也算是对这次工作的一次物质犒劳。当时家里并不富裕，对于这台从香港带回来的日产彩色电视，家里人都十分高兴，也对它异常珍惜，只有节假日才会从箱子中拿出来放上一放，看完便仍旧小心翼翼地放回那箱子之中。在多年后，它的价值也仍是在的。在我大婚之日，它还装点了我的新房。

2013年7月15日，在南昌江南美术馆，由《江南都市报》主办的“珠兰画会·画禅阁陶瓷艺术博览展”隆重举行，许多陶瓷艺术珍品亮相。其中，两幅巨型瓷板画格外引人注目，那恢宏的气势、行云流水般的笔触和一气呵成的气场震惊了所有来观展的人。这两幅作品就是父亲的《八百千秋》和《麻仙姑老寿星同上瑶台赴寿筵》。两幅作品都是父亲年过八旬后创作的。

青花瓷板《八百千秋》这一惊艳全场的巨型瓷板画，是父亲在2010年创作的，在当时创下了世界最大青花瓷板画的纪录。而《麻仙姑老寿星同上瑶台赴寿筵》是父亲2013年在"珠兰画会·画禅阁陶瓷艺术博览展"前夕创作的，更是保有目前世界最大的粉彩瓷板的纪录。这一年，父亲已经83岁了。

父亲创作的巨型青花瓷板《八百千秋》，宽4.1米，高2.7米。这宏大的作品让现场参观人员啧啧称叹，现场还有专家用"万里无云"来形容这部作品的艺术价值和艺术审美，意为整件作品没有一点瑕疵。而当参观者和专家询问作品的作者，得知这件作品是已过八旬的耄耋老翁所创作的时候，大家更是赞叹于父亲虽年事已高却仍能保持这样旺盛的创作力和激情。如今看来，这件作品想要画得好、烧得好，是需要天时、地利、人和的，这恐怕是在景德镇陶瓷这片创作天地里少有的事情。对于花费如此心力完成的巨作，父亲在大家面前也只是轻描淡写地评价说："我感觉还行。"

30年前，万仁晖先生曾邀请王锡良，父亲，张松茂、徐亚凤夫妇和王恩怀等艺术家到广东美术馆，与关山月、关怡父女，尚清老师，汤小铭，林墉、苏华夫妇，王玉珏老师，王孟奇，廖慧兰等艺术家进行交流。在广东画院，双方艺术家除了画一些国画，也画了一些新彩陶瓷瓶和瓷板。记得父亲在广州美院画了一幅国画《苍松八哥》，而父亲从构思到完成的整个过程，站在一边的关山月自始至终都在观察。关先生说："隆夫先生画得好，有昌硕韵味，有八大的文气。"他还说江西把这样的大家埋没了，太可惜。

父亲与关山月等艺术家的合影

时代长河奔腾向前，细水长流却也波涛汹涌。在潮流不止的时代里，我们可能会沉溺于那片刻平静而停止不前，也可能会畏惧艰险而畏难而退。但是，我们还可以选择走出自己的舒适区，去创造属于自己的另一片天地；也可以选择不惧艰难，迎难而上。未来的自己将会如何，完全取决于自己在面临人生抉择时所做出的决定。空谈不如实干，踱步何不向前行。逆境是成长的必经之路，勇于接受逆境挑战的人，其生命就会日渐壮大。对于面临逆境时该如何作为，父亲教会我的是，对于一个洋溢着生命热情的人来说，幸福就在于最大限度地穷尽人生的各种可能性，其中必然包括困难与逆境。

父亲在沧桑巨变的时代里，走出了陶瓷世家的舒适区，开创了自己的一片陶瓷天地，对于陶瓷有自己的一套见解。同时，面对命运给自己的考验，父亲能够坚持自己的原则，克服客观环境的艰苦，努力地在逆境中成长、壮大。父亲在艺术瓷厂的困苦时期和同事共同打造了艺术瓷厂的白金时代，又在雨天工作室潮湿的工作环境中，在自己的坚守与努力下，将“潮室”改换为“还经楼”，这些是时代变迁的结果，更是父亲不懈努力的佐证。而在时间与空间十分有限的条件下,从景德镇到香港约千公里的路程,从谈判到制作,父亲同众人一起仅用约一个半季度的时间,便完成了香港的订单,这在当时是江西的重大新闻,《江西日报》还做过专题报道。当然,父亲在生活与工作、创作中面临的困难远不止这些,但是我想,这些事情以及经历这些事情后父亲的成果是足以证明父亲在逆境中顽强不屈、艰苦奋斗的精神的。

如今,我们王氏家族和景德镇陶艺文化也处在逆境之中。父亲这一生一直都在为建设家族和建设景德镇陶艺文化贡献自己的力量。时间是我们的朋友,也是我们的敌人;时间使我们成长,也使我们衰老。不管我们如何疼爱时间,它都不会"假公济私";也无论我们多么痛恨时间,它都不会公报私仇。时钟嘀嗒嘀嗒的走动,时针追着分针,分针追着秒针。它们在钟盘上打闹着,绕了一圈又一圈。我们想让时光慢些走,我们可以拨慢时针、分针、秒针。可这终究是自欺欺人,对于时间,我们终究是束手无策的。这可怕的时间终究还是会强迫父亲停止一切行动。那么,逆境中复兴王氏家族和景德镇陶艺文化的重任,将由我和后辈们共同担负。我们要学习父亲,在逆境中做出正确的选择,坚持自己的原则,竭尽自己的全力,让王氏家族和景德镇陶艺文化在逆境中成长。

四　不忘初心,方得始终

爱因斯坦非常推崇卓别林的电影。他曾经在给卓别林的一封信中写道:"你的电影《摩登时代》,世界上的每一个人都能够看懂。你一定会成为一个伟人。”卓别林在给爱因斯坦的回信中写道:“我更加钦佩你。你的相对论世界上没有人能弄懂,但是你已经成为一个伟人。”卓别林这种谦虚的态度正是他成功的原因之一。淡泊名利,恬静的心境,谦卑的心态,对真理无止境地追求,构成了伟大的人物。

出头的椽子易烂,有些人在稍有成就时,便感觉志得意满,更有甚者,还会接着别人奉承的话语大张旗鼓地宣扬自己。这是一种自我伤害,且有百害而无一利,只会逐渐让自己处于“盛名之下,其实难副”的境地,让自己处于膨胀虚空的状态,从而停止学习、前进的步伐。

父亲常常对我讲述曾龙升和王锡良的故事。他常对我说,曾龙升和王锡良这两位前辈都有淡泊名利、谦恭大度的品质。他们二人早已深有名望,却仍能保有这些品质,这是我们这些后辈需要学习的。

曾龙升大师是王大凡前辈的好友,所以王锡良得以有机会常常去看望曾龙升,看他创作雕塑作品。曾龙升的雕塑在新中国成立之时已是名声在外,尤其是他在狭小的工作室里创作出高达两米的孙中山塑像,让亲眼见识的王锡良惊叹不已。曾龙升的作品在新中国成立之前就很有市场,即使是在抗日战争或者解放战争的瓷业萧条时期,求曾龙升创作雕塑作品的达官贵人仍络绎不绝,曾龙升家常常门庭若市。曾龙升对待通过创作雕塑赚来的钱是十分随意的,他曾对年少的王锡良说,他的钱就放在院里牡丹花瓶的隔层下面。王锡良本以为这仅仅是开开玩笑,却不曾想,真有几次见他从那牡丹花瓶下拿出钱来用,可见其对钱财看得很淡。还有一件事是,曾龙升喜欢盆景,时常带王锡良到家附近的山上寻找能够制作盆景的树木材料。有一次他发现一根很长的古藤,觉得合适做成雕塑,便亲自动手将古藤连根完整地挖出来。挖出古藤带回工作的地方后,曾龙升就放下手中的生意,一连几个月摆弄、雕刻这根古藤。终于，在几个月后，这古藤变成了一件令人赞叹的艺术品。王锡良见了这古藤雕塑，赞不绝口，只见古藤的一头竟被雕刻成了九头龙，真可谓鬼斧神工。之后，曾龙升却做出了一件令人诧异的事，那就是将几个月辛苦雕刻而成的作品送给了一位朋友。原来，那朋友在见到这古藤雕塑后，除了赞叹，更流露出自己对这件作品的喜爱之情。曾龙升见状，二话不说，便直接将这件作品送给了他。王锡良知道这件作品是曾龙升荒废了几个月生意才制作出来的，是曾龙升的心爱之物，见到他的这般举动，诧异之余，更多地表现出的是对大师的赞叹和敬佩。

曾龙升是王锡良几十年的好友知己，而王锡良也是父亲几十年的好友知己。父亲常常说王锡良是个让后辈敬佩的学习榜样。父亲曾给我讲过前辈王锡良的一些事迹。有一次，屋外飘飘细雨之中，显现出一位环卫工人的身影。到了屋檐下，那工人将雨伞夹在腋下，径直走入王家，原来是向王老求字的。王锡良见了，丝毫没有大师的架子，欣然进了书房，收拾了一下，按那来客的要求题了一幅字。王锡良的书法自成一家，他本人又很有名望，我想，大家除了欣赏他的字，更多的是欣赏他这种谦恭的为人吧。

父亲也深知其中的道理，在生活和工作中，常谦虚待人。对于别人对自己作品的夸奖，他常常只是以微笑应之；而对于别人对自己作品中不足的评点，他则会频频点头示意，并且表示感谢。

1995 年，师弟江振声对我说，以父亲的水平，父亲完全可以去参选“工艺美术大师”称号，虽然这只是一个称号，但也是对父亲水平的一种肯定。之后，师弟便对父亲说了这件事。但是父亲对参选称号这件事表现得很泰然，表示自己并不想要这些身外之物，这种称号虽然看似无益无害，但对我来说却是一种赘累。师弟在被父亲拒绝后，再次找到了我，希望由我出面来鼓动父亲。我对父亲也并无高谈阔论，只是再三地劝说。最后，父亲许是听腻了我的这些唠叨，便只能服软，去参选来让我闭上这张嘴了。

父亲在获得“工艺美术大师”称号多年后，曾接受媒体拍摄纪录片的请求。纪录片主要是记录父亲的陶瓷工作的。父亲在接受采访时谈道：“前人有句话，叫作活到老学到老。现在我 70 多岁，我要是活到 100 岁，还有这么长的时间，也还是要学。”父亲在获得“工艺美术大师”称号后，从不认为这是自己陶瓷生涯的一个终点，也并没有妄自认为这是自己陶瓷生涯的巅峰，仍然坚持“生命不息，学习不止”。父亲在这次采访中还说：“现在自己生活水平提高了，不会过多地去忧愁柴米酱醋盐的事情了。但是我们在陶瓷这个专业里干了几十年，一下子停下来，那是不可能的事情。你要是忽然不干了，停下来了，你人可能就会生病。有时候我们画画，隔了一段时间不画画，手都会发痒，然后急忙拿上画笔画上几笔。画了，精神上就舒畅了；不画，精神上就难受了。这就像是有了瘾一样，停下来了就会浑身难受。”步入晚年的父亲，不再为生活奔波，不再为家庭操劳。在物质上满足了基本需求之后的父亲，便更加注重精神生活。对父亲来说，物质上的食粮有米面油盐，精神上的食粮便是绘画、陶瓷、书法与篆刻等艺术了。

我曾在一次和冯杰老师一起吃饭的过程中谈及父亲，冯杰老师便说到了江西省政府组织参事和众文史馆员参加的在滨江宾馆举行的一次国画笔会。笔会上，众多艺术界人才切磋技艺，交流艺术心得。当时，众多景德镇一流画家要合作画一幅花卉图。画作即将完成，忽然有人说，花卉图虽然看着富贵，但是缺少动态的美感，绘几只鸟进去或许会增添些动态美。当时，众人面面相觑，不知由何人来完成这画龙点睛之笔。这时，冯杰老师推出父亲，说隆夫先生的八哥画得顶级，众人也紧跟着表示赞同。父亲见状，微笑着说，都只是大家喜爱而已，并不能说是顶级啊，不过既然大家都想见见老夫的拙画，在这个高兴的时刻，也不能扫了大家的兴致才是。于是，父亲提起画笔，在那充满富贵之气的花卉图上，增添了几只八哥鸟。那几只八哥鸟一如父亲以往画的八哥鸟，洗练，生动。当时，在旁边观看的艺术家和领导们，在父亲完成这为花卉图增添动感的任务后，纷纷来到画作旁踱步欣赏。父亲的创作得到了大家的肯定，他们说，冯杰老师说得果然没错啊，隆夫老师的八哥鸟确实可以说是顶级啊。

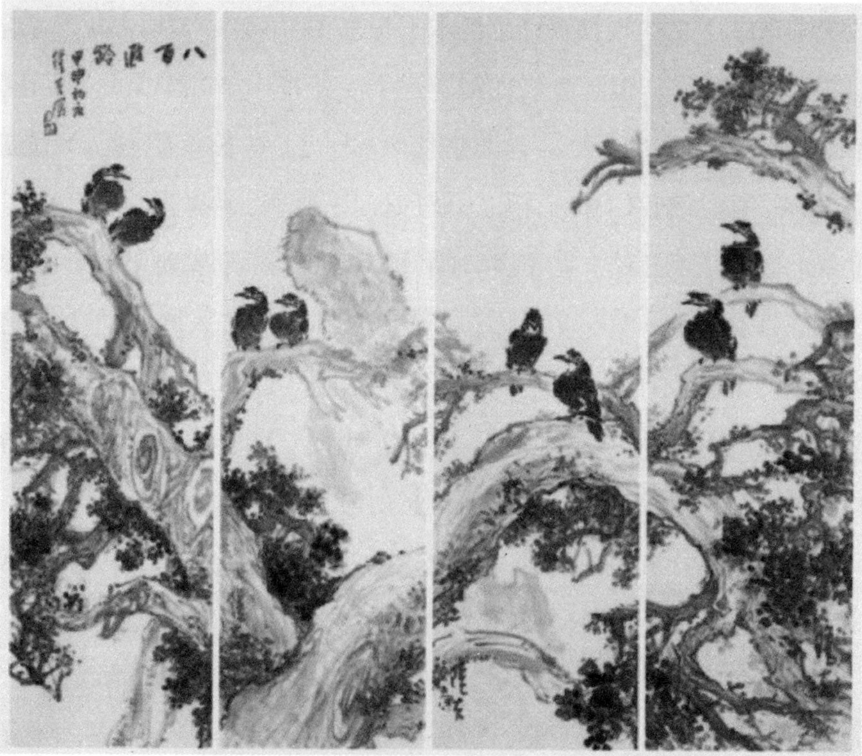

父亲的作品《八百遐龄》

冯杰老师与父亲算是好友。听冯杰老师说，他和父亲前些年一起吃过多次饭，喝过几次酒。冯杰老师比较欣赏父亲的为人，喜欢父亲的作品。他称赞父亲说：王老在国画、书法和篆刻方面都可以称为大家，在江西前无古人，恐怕也后无来者。

2006 年 1 月左右，父亲参加了在广州壹号国际文化广场举办的景德镇精品陶瓷收藏交流展，同行的还有前辈周国桢老师、李林洪老师、乐穹老师和龚循明老师等众多在景德镇颇有名望的国家工艺美术大师。我同黄勇和陈小青等同龄人也一同参展。父亲这次出席活动，主要展出了一幅瓷板画《铁拐李》。对于这幅参展作品，参观人员及媒体给予了高度评价。媒体认为：这幅作品中的人物惟妙惟肖，形肖神扬，意态天然。在活动期间，媒体对父亲进行了采访。媒体问父亲："王老，您这部作品（《铁拐李》）在放大镜下看，人物毛发清晰可见，形态自然。大师是否对于这类作品已经可以信手拈来了呢?"父亲回答说："我擅长创作人物画，这人物呢，又主要以神话故事为主题。我对这类作品每天都会练习，但是还没到信手拈来的地步，仍然会耐心地绘画，以心入神地创作，让作品更加完美。"媒体还问道："王老，你已经到了大师级别了，那您认为是否还有人的技艺能与您的相媲美呢?"父亲说："大师实不敢当，对于是否还有谁能与我相媲美这个问题，我想肯定是有的，而且有大把人在，既有前辈在前令人仰止，后有晚辈在后追之。再者，每个人都会有自己过人的领域。我会的，他不会，这没什么好骄傲的。也许，他还有其他强项，让我用尽这一生都学不会。"

在古代，万般皆下品，唯有读书高。读书人在社会顶端，俯视万物，多有傲气，常常相轻与人。三国时期，曹丕在《典论·论文》中就写道："文人相轻，自古而然。"文人善舞文弄墨，却也多是长袖善舞。历史上

父亲的作品《铁拐李》

颇多这样的例子。道出“文人相轻”的曹丕，面对七步成诗的弟弟，也并未痛下狠手。大文学家欧阳修曾撰《尹师鲁墓志铭》，大篇幅称赞尹师鲁写文章的技巧，却没有为尹师鲁获罪之事鸣冤，有人看了，认为需要在这方面加以修改，但是欧阳修不仅未接纳意见，反而勃然大怒，还写文章对那个提出修改意见的人严加指责，并通过朋友转交给了那个人。当然，也有文人相“亲”者。李白与杜甫，同是诗坛的顶级高手，尽管相差11岁，但也建立了深厚友谊。哪怕在安史之乱时，国家满目疮痍，历经颠簸的杜甫一安定下来，便挂念起远在千里之外的李白：鸿雁几时到，江湖秋水多。李白与杜甫的这般友谊，不仅又让我想起父亲与前辈潘天寿在一面之缘后，彼此投机，虽迫于时局，却仍遥寄书信。我想，正是父亲的谦逊，让父亲在书法、绘画方面能够博采众长，也让父亲能够认清自己，不让生活的迷雾蒙了自己的眼睛，使自己停止前进，停止学习的步伐。我想，这也就是父亲晚年仍会戴着高度近视眼镜在暗黄的灯光下孜孜不倦地篆刻、乐此不疲地练习书法、一刻未停地在白纸上绘画的原因吧。

晚年的父亲虽然是我们口中的老年人，可是这个老年人懂的、会的，却要比我们懂的、会的要多。父亲早年在圣功会学堂念书，学习内容有中文、数学、英语等，还有一些课外活动。受益于这些，晚年的父亲仍能读出、认出一些英语单词，能在舞会上会跳一些简单舞步。这并不是因为父亲的记忆力有多么好，而是因为父亲一直秉持终身学习的理念。一路走来，父亲虽然不精专于这些，但是，对于早年所学，父亲认为有益的，便会在它们将被遗忘的时候马上将它们重新拾起。

有人骄傲，有人谦虚，这可能与他的成就有关，也有可能与他的性格有关。父亲在晚年不断突破自己，并进入了自己事业的顶峰，可是，常与父亲朝夕相处的我，从未感受到丝毫的傲气。那么，父亲能够做到谦虚好学，便是性格使然了。性格又常常形成于青年年少时。父亲虽出身陶瓷世家，早年却家境贫苦，在那时想的便是靠学习来改变自己的命运；又加之景德镇当时有像“珠山八友”这样等为世人所熟知的艺术家，父亲于是更加如饥似渴地从这些艺术家身上学习陶瓷及绘画知识,学习做人的品行。人到中年,父亲更是历经浩劫。或许可以这样说:命运并未给过父亲释放傲气的机会。正是命运塑造了父亲,父亲也顺应了命运,从而也在晚年创造了自己的命运。

五　父亲的晚年

孔门十哲之一、七十二贤之一的子夏有一套君子标准,叫作"君子三变",就是"望之俨然,即之也温,听其言也厉"。这"俨然"就是伟岸高大的样子,"望之俨然"就是看上去很一本正经,很严厉;"即之也温"是指与这个人打交道后会发现这个人极其温柔,对他人富有爱心,是很通情达理的人;"听其言也厉"意味着这个人说话很有分量,能说到点子上。

20世纪90年代,父亲从教职岗位上走下来后,便更加专心地将自己的精力倾注于创作中,所以这个时期父亲在创作上可以说到达了自己的顶峰,作品也更加优秀。父亲这个时期的作品,既有大件的巨幅作品,也有小件的小幅作品。这个时期,满是鹤发、红光满面的父亲的巨幅作品有《八仙过海》《忠义千秋》《桃李夜宴》《苍山擎出卧龙岗》等,小幅作品有《采菊东篱下,悠然见南山》《一钵即生涯》《布袋罗汉》等。

20世纪90年代,父亲作为民盟成员,担任民盟景德镇市委会副主委,与担任景德镇市政协副主席的方寒程、民盟景德镇市委会副主委王远谋三人共事。民盟当时是景德镇艺术界的权威,景德镇京剧团、话剧团、医务界的很多优秀人士都是民盟成员,而陶美界的民盟成员则有赵惠民、胡献雅、王鹤亭、章监、宁林、钟莲生、李林洪等。当时,民盟

父亲在欣赏画作

景德镇市委会办公室主任是童第云，组织部部长是汪天生，俞立群是打字员。当时，景德镇的民盟艺术家到福建漳州和澳门进行文化交流，受到了民盟中央和民盟江西省委的高度评价。之后，父亲还当选为第八届全国政协委员。

父亲是并不是会经常走动的人。他时常在自己的书房内安静地看书，或在昏黄的灯光下握着印刀篆刻。即使有时与朋友相聚，也是话不多的那位。父亲更像是朋友们的倾听者，倾听他们的忧伤快乐，欢则同喜，悲则共忧。父亲画画有点“静若处子，动若脱兔”的感觉。他常常在绘画前将白坯胎置于案上，然后并不马上动手画画而是先思考。他咬咬指甲，思考主题、布局等问题，然后用淡墨在坯胎上简单地进行构图，就像是在下一盘棋。之后，父亲便洋洋洒洒，一气呵成。

身为一名艺术家，父亲常常会借外物来获取灵感，酒便是其中一种。五柳先生陶渊明"性嗜酒"，其饮酒后常能与灵魂对话，创作出一篇篇隐逸名篇。但是，陶渊明嗜酒之名，并不在量，而在于对后世的影响。诗仙李白"斗酒诗百篇"是为世人所知的，"酒入豪肠，七分酿成了月光/余下的三分啸成剑气/绣口一吐，就半个盛唐"是余光中在《寻李白》中对李白嗜酒成诗篇的如实刻画。父亲也嗜酒，也会借酒寻找灵感来创作瓷画。但是，父亲的饮酒、嗜酒并不如五柳先生和诗仙。在我看来，在我所知道的古今人物中，父亲倒是有点像以狂草闻名的草圣怀素和新中国的缔造者之一——周恩来总理。怀素原是一个和尚，但是这个和尚却和正经和尚不大一样，喜欢大碗喝酒，大块吃肉，同时也深爱书法。这"大不敬"的和尚在被寺庙住持赶出寺门后，便开始投身于书法艺术。在学习、练习书法的过程中，怀素总是刻苦用功，竭尽全力。因为家贫，他只能在芭蕉叶上练习书法，而用过的芭蕉叶还能当饭吃。勤学苦练的怀素用坏了许多笔头。他将这些笔头埋在一起，将埋笔之处称为"笔冢"。怀素在进行书法创作时总爱喝上几口酒，因为这样便有利于他任意挥洒，能让作品更加飘逸灵动。我认为父亲和怀素比较像，是因为父亲练习书法也和怀素一样刻苦、节俭。父亲练习书法，用的是看完的报纸，而且正反两面都要用，刻苦练习也弄坏了父亲的腰。父亲在创作时，不是刻意借酒来寻找创作灵感，而是和怀素一般，通过喝酒让自己能够将情感完全投入创作而不会受外界压力的影响。对于周总理饮酒，坊间传有许多趣闻。如总理爱茅台，一人便可饮尽一瓶；又如总理酒量极好，平生喝酒只醉过三次，分别是新婚夜、莫斯科“外交醉酒”和为援朝战士庆功。总理性情至真，乐于饮酒。他可以为了工作滴酒不沾，也可为了工作连续饮酒；有时兴起自饮，也时常替主席“挡酒”。总理爱酒的故事说不完，也许正如国人常说的“酒品即人品”，人们对于总理饮酒故事的津津乐道，大约更是源于那种全民的拥戴。父亲饮酒与总理是颇为相似的。冯杰老师曾对我讲过，他曾借工作之机与父亲吃过几次饭，喝过几次酒，从未见父亲醉过，觉得没有哪个人的酒量能与父亲相比。我在家也见识过父亲酒量。记得有一次，画梅大王卓安之先生来我家做客。他在与父亲约定这次聚会时，便说要不醉不下桌。席间，两人果然各拿一瓶高度数茅台开始喝起来，喝完，两人又共喝一瓶。父亲半瓶喝完后，仍然没醉，安之先生却顶不住，先跑去睡觉了。

父亲的酒品是为众多朋友及和父亲共同喝过酒的人所称赞的。父亲的酒量非常好，喝上酒后，心情便豁然开朗，而且比平时更加开朗，言语也更加有见解。虽然父亲酒量好，但他和大家喝酒时并不会过多地劝酒，而是希望一起喝酒的人量力而行，愉悦身心。到了晚年，父亲平时也会喝上点酒，一般都是在吃过晚饭、没什么事情的时候斟上几口。晚上若是劳累，他便会早早地上床睡去；如果仍有精力，他便常会和我的儿子，也就是他的孙子，玩耍一番。虽是一老一小在那逗趣、玩耍，可在我这个旁人看来，这倒与两个小孩做游戏并无二致。这番情景让我充满了幸福感。他们其乐融融玩耍的场景，使我平时工作的辛劳渐渐地消除了，让我看见了生活的目标与方向。

那时父亲还经常与时任陶瓷机械厂党委书记李智夫（后被调至发电厂任书记）一起喝酒。父亲与李智夫一边喝酒一边聊天，一人一瓶

54度的茅台，喝完后又每人再来半瓶，三瓶茅台入肚，两人还能吟诗作画。据说，李智夫之前是原南京军区法院的院长，是一位老革命，由于错判了一起军事法庭的案子，被调到我们景德镇。由于文化素养较高，他平时对艺术也十分热爱，与艺术界的专家接触较多，所以也能自己写诗作画。关于父亲喝酒，还有一个小故事。前些年，有一次父亲陪前来拜访的客人吃饭喝酒，坐在父亲旁边的一位女士由于不胜酒力，偷偷把白酒换成了凉白开。觥筹交错之间父亲误拿了那位女士的酒杯，一饮而尽之后发现是水。但是父亲并没有因为喝的是水而生出疑惑，反而拍桌大呼"好酒"。这件事情是那位女士亲口对我所说的，直到现在我还是感叹于父亲的高情商与超强的临场应变能力。

父亲是个话语不多的人，谈话聊天虽不能说字字珠玑，但也可算是亦庄亦谐。在工作、教学方面，振声师弟常会和我谈及他们创作时的事情。我记得他和我说过，进行创作时，父亲总是允许振声师弟默默地站在他身后看，也会时不时地讲解创作技巧与重点。振声师弟说，看父亲画画，有两次印象最深刻。一次是父亲在创作满尺挂盘《罗浮花月》时，振声师弟提了两个问题：怎么感觉盘上仕女嘴唇有涩涩颤意呀？她的发丝为什么不是一笔一笔画成的而是用彩笔横涂竖抹成的呀？听后，父亲笑了，反问：你觉得冬天夜里梅花树旁月光下披着羊裘的罗浮，能和画西施浣纱一样表现吗？你觉得我这横涂竖抹的发式好看吗？听后，振声师弟茅塞顿开……父亲教导振声师弟画要情景交融，表现物象要从结构入手把握虚实，画的最高境界是随心所欲。还有一次是父亲画刊登在《瓷国明珠》第一期上的那幅《达摩》。父亲在表现紧握禅杖的手时不断地看自己的手，站在对面的振声师弟的目光则不断地在画面和父亲之间游离。父亲停下笔问振声师弟发现了什么。振声师弟回答说我咋发现画中的达摩和您好像呀。于是父亲娓娓道来:画画是与自己的内心对话,表现的是达摩,其实也是在倡导他内心“西来承佛旨,东渡化群迷;我不传宗教,禅机那个知”的坚毅精神,一个画家画到最后都会把自己融入画中,画如其人也! 对于父亲的这种教学方式,这种言谈举止,师弟说:“虽言语中带着严厉,却让人心服口服。”

2005 年,父亲与乐穹老师、八千岁老陈一起游览泰山。八千岁老陈是一个石头收藏迷,60 多年来从全国各地收集了近 10000 种奇石。父亲喜欢篆刻,更喜欢石头,到北极去都带回了几块石头。三位老人都没有坐游览车上泰山,而是选择步行攀登。他们还冒着生命危险,跨进非游览路线去捡石头。由于年迈,父亲只挑选了一块石头,乐穹老师和父亲一样也只选择了一块,八千岁老陈则是挑了两块。回到景德镇之后,奇迹出现了:父亲与乐穹老师各添了一个孙子,八千岁老陈更是添了一对双胞胎孙子。这件事也成了景德镇美术界的佳话。后来,父亲也常开玩笑地懊悔道:“当初怎么不多拿几块石头呢?”引得旁人捧腹大笑。

有一次,青年艺术家汪明到我家喝茶聊天,看到父亲画的一幅小品《鳜鱼图》,爱不释手。我父亲见他特别喜欢,就送给他了。汪明觉得非常过意不去,就到古玩市场买了一块冻石章料送给我父亲。我父亲摸着温嫩的冻石也十分喜欢,在一次晨练时回到书房,刻了一方“汪明之印”,送还给了汪明。多年过去了,汪明只要谈及此事,眼中便会饱含感激的热泪。昔日那学起画来如饥似渴的青年艺术家汪明,如今已经被评为“中国工艺美术大师”了。

在一次瓷博会期间,一些安徽人从皖南地区挖了一卡车灵璧石到景德镇来卖。我与父亲开车到锦绣昌南卖场去看,有一块立姿的、色泽黑而嫩的带有石洞变化的灵璧石映入眼帘。我们将其买回放在新都还经楼工作室,父亲亲自题字"寿者相",并刻在石头上。

如今,父亲虽然离我远去了,可是,父亲的那些教导将伴我终身。想起父亲的那些教导,我时常感念父亲,时常伤怀不已。父亲说:"一个人的生活环境,决定了他的性情和志趣的形成。"因为受到父亲的熏陶、感染,我总是会在学习、创作的时候运用父亲的理念和思想,而这也总是能够让我取得巨大的进步。

但是,我也并不会照搬照抄父亲的理论,如此,我才不至于只是在复刻父亲的作品。我看过许多艺术家子孙的许多作品,他们很多都只是在沿袭长辈的创作形式,无论是绘画还是装饰,无论是书法还是简单的题跋,都是与父辈的作品形似甚至是复刻。这其实非常不好,虽然继承了父辈风格,但却不利于艺术的发展。因此,我父亲写苏东坡、沙孟海,我则写黄庭坚、《泰山金刚经》;他学任伯年、吴昌硕,我则学习刘旦宅、敦煌等装饰性的绘画。

胡晖是父亲的艺徒,同时也是父亲的晚辈好友。2008 年,父亲还将与自己相伴 10 余载的包赠送给了胡晖。

父亲生在陶瓷世家,修心学艺数十年,一身儒雅潇洒的气质,让人感到温和而浓厚的书生气息,给人一种随和亲近的感受,所以常常有晚辈愿意和父亲做朋友,胡晖便是其中一位。胡晖对父亲的关爱和照顾可以说是鞍前马后了,所以,胡晖对于父亲的生活习惯什么的可以说了然于胸。父亲总是周身收拾得干净利落,常常在出门时候挎一个包。对于父亲这个背了 10 多年的包,胡晖自然也非常熟悉。

一次,胡晖同父亲前往大连采风。路过一个商场的时候,父亲瞥见柜台上的一个包。老先生在这个柜台前只是稍做停顿,不过,常年陪伴在父亲左右的胡晖还是注意到了这一细节，将这件事放在了心上，事后便回到商场的那个柜台，把那包买了下来。回到住处，胡晖同父亲商量，想用这新包换父亲的旧包。父亲对胡晖心思的细腻感到颇为惊讶，不过，父亲与这包相伴多年，多少有些不舍。胡晖确实很想要父亲的这个旧包，因为他认为这个包身上有主人的气息，它承载着父亲的质量、气度和学识。胡晖将心中所想告诉了父亲，父亲拗不过真诚的胡晖，便同意了这一请求。临了，父亲还在那包上题了“伴随老夫十余载”，落款则是“王隆夫记，二零零八年冬”。

2013年，胡晖向父亲请教画寿桃，父亲也非常热情地教了胡晖画桃的技巧。除了教胡晖画寿桃，父亲还主动教他画松柏。胡晖学得很用功，一是兴趣使然，二是因为父亲是一位严师。

一次，胡晖画桃，从早晨拿起笔开始就一直没有间断，直到傍晚的时候才大功告成。看着完工的寿桃，胡晖心中充满得意之感，于是打电话给父亲，希望父亲能过来这一绘画成果给点建议。胡晖本以为会得到师父的赞赏，没想到电话另一头的父亲却有些生气了：“你本事真大，一天就画完了，比我还厉害。”父亲生气在我看来其实是意料中的事情，因为我知道，在父亲看来，画寿桃看似简单，要画好却并不容易——画一张大瓷板画，就算创作者的技艺达到了炉火纯青的地步，他也很难在一天内就画出优秀的作品来。胡晖只画了一天便完工，在父亲看来，这作品必定像从流水线上生产出来的作品一样，没有人的气息。不过，父亲尽管很生气，还是马上动身前往指导。一看到那幅有了明显进步却又略显稚嫩的画作，父亲怒气消了一半，虽然仍很严厉，但还是笑着就胡晖的进步说了许多鼓励的话。“下次不许这样（画了）。”对胡晖进行指导后，父亲又这样语重心长地对胡晖说。

父亲的作品

前几年，父亲在别人那买了一件精美的器具。器具比较大，若搬运不当，极易造成器具破损。所以，父亲把我叫来，开车将这器具运至家里。因为这器具实在太大，所以我也叫了一些帮手——以前一起为学校办事的同学前往搬运。我再三叮嘱我的帮手们要小心搬运，不能毛毛躁躁，把这精美的器具弄坏了。终于平安地将器具搬运到了楼下，搬上楼上又是个困难，所以我又明确地做了一下分工。分工做好了，要做的细节也做了，大家万分小心，可在搬运时，在一个楼梯转角处，这器具还是受了磕碰。没办法，我只好把这事告诉了父亲。父亲听了，急忙去看了一眼。我本以为会挨父亲的一顿臭骂，可是父亲只是笑着说："没事没事，不是什么大事，只是一些磕碰。这些磕碰，倒让器具有了一定的年代感，辛苦你们了。”看见父亲的微笑，我心安不少。只是，父亲蹲下看那磕碰时有些黯然神伤的感觉，我多少能感受到父亲一些惋惜的情感。

不知道父亲在别人眼里是不是受尊敬的榜样，至少，在我这个儿子看来，他是我的榜样，是我学习的对象。父亲的性格，在幼时便形成了。父亲出身陶瓷世家，有览阅古今中外书卷的机会。正是这样的家庭氛围，使父亲养成了如儒生般温文尔雅的性格。

六　珠兰画会

说起近代景德镇瓷器的发展，就不得不说一说这“珠山八友”和月圆会了。

明清两朝皇家重视景德镇陶瓷生产，集中全国的人才和物力，保证了皇家官窑景德镇陶瓷的品质。这期间，景德镇陶瓷胎体精细，釉质润净，制作规整，品种多样，特别是颜色釉瓷的精细讲究，可以说达到了前所未有的高度，促进了景德镇陶瓷艺术的发展。但是，官家的统治，又扼杀了景德镇陶瓷艺术家的个性，成为景德镇陶瓷艺术发展的桎梏。景德镇人杰地灵，人才辈出，随着清朝国力的衰败和皇家御窑厂的衰落，一批出类拔萃的优秀民间陶瓷艺术家异军突起。“珠山八友”就是其中技艺超群的代表人物。

“珠山八友”最初的名称是“月圆会”，成员是御窑厂停烧以后部分流落到民间的粉彩和瓷版画高手。这里的“八友”分别是王琦、王大凡、汪野亭、邓碧珊、毕伯涛、何许人、程意亭、刘雨岑。这其中，王大凡、何许人和1904年出生的“八友”中最年轻的艺人刘雨岑分别是徽州黟县、徽州歙县和安徽太平(今黄山市黄山区)人,其他的都是当时的江西人。要再算上徐仲南、田鹤仙,“珠山八友”实际上是十个人,这并不矛盾。这正如“江西诗派”中的诗人也并不全是江西人一样,“以味不以形也”。“珠山八友”也可以是指一个画家群体,在绘画上他们追求清代中期“扬州八怪”的风骨。“珠山八友”似乎在一定时期内成了瓷器的代名词。这样一个群体共同延续了景德镇瓷器的余韵,也使得我们在近代景德镇的瓷业史上找到了一些自信。“珠山八友”是一种文化现象,这种现象在陶瓷史上是鲜见的,在中国绘画史上却是相当普遍的,即“画派”现象。“珠山八友”的出现是有特殊的历史文化背景的。在明清以前的陶瓷文化情境中,陶瓷工匠的任务是为统治阶级服务,身份和创作没有自主性,也没有结社的自然条件。他们就像是受雇者。时序发展到近代,陶瓷工匠更加自由,身份得到了极大释放,于是他们就像文人一样具备了形成艺术雅集或艺术社团的条件。他们往往有共同的志趣或人生目的。就像王大凡在《珠山八友雅集图》中表述的那样,“道义相交信有因,珠山结社志图新。翎毛山水梅兼竹,花卉鱼虫兽与人。画法唯宗南北派,作风不让东西邻。聊得此幅留鸿爪,只当吾侪自写真”,这种带有自娱意味的直抒胸臆,让人看到了无奈,也看到了景德镇瓷业的危机局面。纵观王大凡一生的创作,其瓷艺“文人画”的风格和追求,都是以“雅俗共赏”的精神实质贯穿的。“珠山八友”中画家的风格,除王琦属大写意外,其他都属兼工带写、婉约内敛的小写意。小写意的这种艺术表现形式和审美理念,实质上就是“雅俗共赏”。

王大凡的《梁红玉击鼓战金山》粉彩瓷盘,就是较为典型的例子。

他用斧劈法突出了金山的一角，远景是隐约可见的逶迤山岗，近景是梁红玉所指挥的只露出船头的战船，船身、船尾都让山峰挡住了。那战船盘旋荡起了波澜的近水和平静如镜的远湖，形成动与静的鲜明对照，旨在突出战争场景的辽阔、宏大，从有限的画面之中传递出无限的信息，在画意、画蕴、画境诸方面，做出了可贵的探索。历史典故人物画，堪称人物画家王大凡艺术生涯的一大亮点。

“珠山八友”的月圆会可以说是一个艺术团体，更是景德镇文化的一个历史标志。它承载着景德镇瓷业危机的信号，也承载着那个时代那些老一辈艺术家们对应对这危机所做出的努力，还是老一辈艺术家们的文化载体。

时光的无情流逝，让老一辈的艺术家们纷纷如星辰陨落。他们带着对艺术的热爱，带着对艺术追求求，去了另外一个世界。历史也逐渐让这“珠山八友”的月圆会到了一个离散的“缺”的状态，就像是“月有阴晴圆缺，人有悲欢离合”。历史开始冲刷这一历史印记……

为了历史的延续，为了文化的传承，珠兰画会便成立了。

莲花塘是景德镇最好的一块绿地，有山有水，有便捷的交通，也是闹中取静的最佳场所。

莲花塘有许多故事。莲花塘也叫佛印湖，宋代高僧佛印曾居住于此。之于陶瓷艺术，莲花塘就是“珠山八友”聚会的地方。“珠山八友”常常齐聚莲花塘，评画点画。莲花塘的人文气息因而非常浓郁。王锡良回忆，丰子恺先生就曾在这莲花塘住过，还留下了“红栏杆外柳千条”的诗句。莲花塘曾有座五龙庵，也曾有雪峰寺，寺庙的住持就很爱画画。“珠山八友”聚会时，这位主持可以说便是这莲花塘的东道主了。

父亲小时候住在御窑厂附近，莲花塘就是他小时候嬉戏的最佳场所。对他来说，那时候的景德镇莲花塘也就相当于现在的绿地公园了。而且父亲的前辈、好友王锡良在年少时也住在御窑厂附近，从东门头拐个弯便到了莲花塘。那时候，许多陶瓷名家也常到莲花塘去。王锡良最常遇见的便是王步，王步总是与年少的王锡良谈陶瓷绘画或生活轶事。

正是如此多的渊源，才让三位断代好友（父亲、王锡良先生、胡晖先生）在筹办珠兰画会时，决定将画会的地址选在莲花塘附近。

月圆会后，景德镇的陶瓷艺术社团数不胜数，但真正顶级如“珠山八友”那样极具文化气韵的艺术团体却很少见。珠兰画会筹建的初衷就是传承文人精神，弘扬优秀传统文化，继承月圆会的遗风。在三人的倡议之下，胡晖作为珠兰画会的秘书长，张罗画会的工作；王锡良和父亲则作为画会的成员，对圈内的好友发出邀请。珠兰画会的筹建得到了张松茂、张育贤、唐自强、徐亚凤、侯一波、乐穹等景德镇顶级陶艺家的支持。珠兰画会之名源于众位艺术家的商议。“珠”意为珠山，也可以让人联想到“珠山八友”；“兰”则似兰亭雅集，两晋文人风最盛，其中以王羲之等人的兰亭雅集盛名最负，而且兰是花中君子，雅致至极。于是，在2010年，父亲为珠兰画会题写牌匾，珠兰画会便在莲花塘边上的一处寓所成立了。在珠兰画会成立后，应大家的邀请，父亲亲自为珠兰画会篆刻“珠兰画会”印章。

珠兰画会位于合资宾馆旁边的寓所，寓所内只进行了简单改造，最大限度地保留了寓所内一尽器具、木椅、门窗等在20世纪七八十年代的样子。珠兰画会的成员们便坐在这样一个地方，感受“珠山八友”

的文化余韵，回到过去的年代畅想，轻松地聊画聊生活。珠兰画会就像是那一代老艺术家们的一个家，老友们相聚，能无所拘束地聊天、喝茶、画画。父亲常常评价这样的生活“游于艺”，轻松自在，想来就来，想画就画。

2012年元月，珠兰画会画禅阁落成，这是画会的会所。画禅阁内展示了珠兰画会艺术家们的作品，楼上可赏莲花塘的美景，也设了宽敞的绘画画案。这一次，画禅阁的印章仍然是经父亲的手篆刻创作完成的，而且因为父亲对于画禅阁的创立兴致颇高，所以还特意在画禅阁装修完成之前就把印章给篆刻完成了。

因为父亲对画会有一种特别寄望，所以也常常在闲暇时间光顾画会。当时最大的青花瓷板《八百千秋》和最大的粉彩瓷板《麻仙姑老寿星同上瑶台赴寿筵》这两件作品，便是父亲分别于2010年和2013年在珠兰画会里完成的。“画会的成立，让我们这些退休的老头聚在一起，大家都乐意参加，因为老有所乐，可以一起探讨陶瓷美术，弘扬景德镇陶瓷艺术。”对于画会的作用，父亲常常这样和别人说。

2014年的中秋佳节，莲花塘五龙庵原址附近的珠兰画室内，父亲与前辈王锡良谈笑风生之余，在这月圆之时，便想到“月圆会”和“珠山八友”，也感伤于时间的流逝；之后忽而兴起，灵感骤至，便在画室之内收拾案几，整理画笔材料，提笔在纸上肆意挥洒。二人在这一天合作了一幅瓷板画——前辈王锡良画了一块红色石头，父亲则是配上了一棵劲柏，在画作的上方题写了“我有吉祥石，百般如意”。之后，父亲配合画作，写了一副对联：吉祥如意，心想事成。搁笔审视良久，两个人看着对方，都露出了会心的笑容。

父亲的作品《麻仙姑老寿星同上瑶台赴寿筵》

珠兰画会聚集了景德镇八位老一辈国家级陶瓷艺术大师。这些大师平均年龄高达80多岁，父亲在这支队伍里看起来倒格外年轻了。在这些老艺术家里面，父亲的身材可以说是比较高大一点的。健朗的身体和抖擞的精神，常常让刚知道父亲的人误以为父亲当时只有六七十岁，而绝不会想到他是一个80多岁的老翁。珠兰画会的其他成员都是父亲几十年的老朋友了，老艺术家们意趣相投，十分谈得来。他们每个人在陶瓷艺术上各有所长，有工笔画得好的，也有擅长写意的，聚在一起也就可以取长补短了。

去世前几天，父亲仍念念不忘珠兰画会和画禅阁。而在此之前，父亲还参加了胡晖的"南山先生艺术馆开馆日"活动。那时父亲已在病中，不过还是心情舒畅地参加了活动。在活动中，父亲特意为了珠兰画会的发展,对身为珠兰画会秘书长的胡晖叮嘱了几句。父亲对胡晖说:“希望你在发展个人艺术的同时,一定要继续做好珠兰画会、画禅阁这个集体性的组织的发展工作,要将它们发展成艺术家俱乐部的形式,更好地为景德镇陶瓷艺术服务。”这次交谈后,父亲还特意为胡晖题写了一块“景德镇陶瓷艺术家俱乐部”牌匾。没想到,这些成了父亲对珠兰画会的遗愿。

胡晖作为父亲的好友,听从了父亲的建议。不久后,他将存放在画禅阁内的一些陶瓷艺术作品全部转移到他的“南山先生艺术馆”,然后请来设计、施工人员,对珠兰画会、画禅阁进行了大规模的装修改造,将其整顿一新。经过三个月紧锣密鼓的施工建设,高品格规划、高规格打造后的珠兰画会、画禅阁融入了茶艺、饮食等新功能,以集合文化、艺术、商业、饮食、茶艺、休闲于一体的陶瓷艺术家俱乐部的全新形象重新亮相。父亲如今已经不在人间,如果他看到胡晖听从自己的建议将珠兰画会、画禅阁打造成自己心中的艺术家俱乐部,他是否会乐开怀呢?

父亲对珠兰画会和画禅阁的挂念是父亲热爱陶瓷艺术的最好证明。对于陶瓷艺术的追求,父亲做到了从一而终。活到老,学到老,创作到老,是父亲这一代人为世人所称道的难能可贵的创作精神。对于珠兰画会,父亲也是希望这个团体能够集中景德镇艺术家们的力量,重新弘扬景德镇优秀的传统文化,发展景德镇陶瓷艺术文化。在景德镇千年瓷都的地位已经摇摇欲坠的时候,纵然有铁肩担道义的胸怀,父亲也只能抒发有心无力的感慨。所以我希望这样一个团体能将力量集中起来,不管这力量是微薄还是雄厚,只要能够发展,总是好的。

2016 年 1 月 16 日,在这样一个“律回春晖渐,万物始更新”的日子里，珠兰画会、画禅阁成立五周年暨陶瓷艺术家俱乐部开业庆典在莲花塘隆重举行。我代表父亲和前辈王锡良为珠兰画会陶瓷艺术家俱乐部揭牌，同时也以父亲的名义向景德镇市社会福利院捐赠了总价值3万元的物资及现金。

如今我也时常会在闲暇时候去陶瓷艺术家俱乐部拜访。那里艺术氛围浓厚。看着各位艺术家们在那里施展拳脚，在惊叹于他们的艺术创作之余，我自己有时也会被这种氛围调动，也会手痒，非常想亲自去创作一番。若是不进行创作，而是围在一起，聊聊陶瓷艺术，聊聊生活故事，也别有一番风味。拜访这个地方，我感受到了父亲对陶瓷艺术家俱乐部这个团体的寄望，那是对景德镇陶瓷发展的展望，是对陶瓷艺术的传承与发扬。同时，我也能知道父亲如此钟爱陶瓷艺术家俱乐部这个团体的原因：这个团体散发出的独特魅力吸引了父亲。我更能感受到，父亲对陶瓷艺术的热爱是如此热烈。

父亲魂系于珠兰画会，终将与画会成为一体。

珠兰画会、画禅阁是对“珠山八友”、月圆会的传承，不仅是艺术团体上的一脉相承，更是在艺术上对前一辈艺术家的传承。珠兰画会成员的艺术创作大都能够从老一辈艺术家的作品中找到影子，因为成员们或多或少都曾在老一辈艺术家的门下学习过。

父亲在早些年景德镇还未被世人称作“世界瓷都”之时，便已经对景德镇能成为世界瓷都充满信心。父亲认为，这座城市如果能发挥它自己独特的优势，抓住时代发展的机遇，便可以顺势而起，发展成为一个世界闻名的城市。景德镇在历史上曾经历几次重大变革。其一发生在宋朝真宗时期。景德镇原来叫作昌南镇，隶属浮梁的瑶州府。景德镇当时的瓷器创作被大家称为“假玉器”，因为景德镇的瓷器有质地如玉器一般圆润等特点。宋真宗非常欣赏景德镇当时的瓷器产品，所以将自己的年号“景德”赐给这个城镇。这是当时统治者喜爱景德镇瓷器的一个反映，也在一定程度上推动了景德镇瓷器行业的发展。其二发生在明朝的洪武二年。中央在景德镇设立了御窑场，御窑场直接受中央管辖，产品直接供往明朝宫廷。御窑场的设立，可以说直接提升了景德镇瓷器制造的技艺，更为景德镇的发展提供了充足的资金。其三发生在民国初期。清朝末年，读书人还在努力背着“四书五经”，努力作着八股文，希望“学而优则仕”，通过科举考取功名，走入官场，提升自己的社会地位，改变自己的人生命运。不过，科举制度于1905年被清朝政府废止，通过科举改变命运的道路被阻断了。于是，很多走投无路的文人便开始寻求其他途径来求生存、谋发展，其中，很大一部分文人选择到景德镇来搞艺术创作，而文人画也随着这些文人雅士一同来到了景德镇。文人画进入景德镇，可以说改变了景德镇陶瓷。以往，景德镇的瓷器生产大都以日用瓷的生产为主，而将文人画画在瓷器上，便使景德镇瓷器的艺术地位得到了提高，也提升了景德镇的艺术创作水平。正是通过这个机遇，景德镇从一个制造城市发展成了文化城市、艺术城市。

父亲认为，让景德镇成为文化城市、艺术城市的这种机遇，时至今日仍然有，仍可以被大家抓住。在景德镇如今的发展中，让景德镇发展为一个制造城市是不合时宜的，悖逆了历史的发展潮流，反而会让景德镇处于尴尬的境地，甚至从此没落。所以，让景德镇发展成为文化城市、艺术城市，是顺应历史发展潮流的，这种机遇应该抓住。

父亲基于这些考虑，对于珠兰画会、画禅阁的发展是十分支持的。成立这种艺术团体，正是吸引艺术人才的一个重要途径，也是为景德镇营造艺术氛围的重要手段。他还希望这样的一个团体能够作为榜样起到带头作用。父亲希望在珠兰画会、画禅阁之后能有更多的艺术团体犹如雨后春笋般出现，并且通过这些团体的带动，进一步提升人们的审美眼光和创作水平，从而将景德镇打造成一座充满创造力的文化大都市。

珠兰画会成员之一毕德芳的祖父毕伯涛（清末秀才）、外祖父王大凡在20世纪30年代的时候共同组织、创建了月圆会，同时，两位也是"珠山八友"的成员。毕德芳的父亲毕渊明擅长画虎，以诗书画印著称，素有"毕老虎"之称，是我父亲的好友，他们二人经常在一起讨论艺术创作。毕德芳自幼受家庭熏陶，耳濡目染，喜爱丹青，8岁即秉承家传，得其父耳提面命，专事陶瓷粉彩走兽瓷绘，兼务中国画、书法、篆刻。她多画走兽，笔下所画无论是威风凛凛的狮、凶猛的虎，还是温驯的鹿、矫健的马、灵巧的猴，均神形兼备。以动物瓷画独树一帜的毕德芳多次与我父亲联手创作陶瓷、国画、书法作品，并在国内外各项大展中获奖。1990年11月，她参加了在新加坡举办的"中国景德镇陶瓷美术名人名作展"，并做了现场技艺展演，作品深受东南亚友人喜爱，为收藏家重金购藏。其多达两百件的粉彩《秋猿图》花瓶被收藏于中国工艺美术馆。

珠兰画会另有一位成员，深受"珠山八友"及其他著名陶瓷艺术家的影响，如今已是中国美术家协会会员、中国工艺美术大师，还担任了中国陶瓷美术学会理事、景德镇市文学艺术界联合会副主席等职。他就是张松茂。新中国成立以前,在景德镇佛印湖边的五龙庵,聚集了一批当地的画瓷高手、能工巧匠、名人雅士,如王大凡、汪野亭、刘雨岑、徐天梅、王锡良、曾复庆、万云岩、汪小亭、邹国均。他们有的善画人物,有的专攻花鸟,有的擅长山水、动物,有的则精通诗词、书法。当时,年轻的张松茂闲暇时便在这些老师中间悉心观摩,认真学习,日复一日,学到了不少绘画技艺和古诗文知识,同时还借阅了老师们所掌握的美术资料,使自己大开眼界,再加上本身刻苦钻研,绘瓷技艺日益提高。

在这些名家中,使他获益最多的是刘雨岑和徐天梅两位先生。刘雨岑先生是张松茂父亲张德生的师傅,专长花鸟绘画,是“珠山八友”里最年轻的一位。徐天梅是刘雨岑的妹夫,是“珠山八友”之一徐仲南之子,从小随父学习绘画,擅长绘画动物及山鸟。刘雨岑、徐天梅两位老师经常指导张松茂绘画,张松茂的绘画天资也得到两位老师的赞赏。在刘雨岑处,张松茂经常能看到《故宫画刊》之类的美术资料。看到宫廷画师郎世宁画的骏马图、仕女图之类,张松茂便借来在瓷器上临摹,天长日久,画技日臻成熟,令老师们刮目相看。在苦水中泡大,在艺术氛围中成长,使张松茂比同龄人更懂得生活的艰辛,更懂得掌握一门绘瓷技术作为谋生手段的重要性。张松茂的作品常常具有浓郁的生活气息和自然气息,所画无论是山水、花鸟还是人物,画面都富有情趣,富有生机,造型很少雷同,即使描绘同一种植物,如松树或者梅花,也是风格各异,姿态万千。他这种善于变化、创新的表现手法,与他长期坚持写生密不可分。

张育贤,艺名“风友”,现在轻工业陶瓷工业科学研究所艺术室专职从事陶瓷雕塑研究和创作工作,系中国工艺美术大师、中国美术家协会江西分会会员、中国工艺美术学会会员、景德镇陶瓷学院特聘教授、景德镇市科普协会理事、景德镇雕塑研究会会员、景德镇陶瓷史研究会会员、景德镇书画院画师。

张育贤先生出生在鄱阳湖畔的小县城里，这个县城出的一批文化艺术名人，如"珠山八友"之一的邓碧珊先生，国画师、诗人彭友善先生等给了张育贤深刻的影响。在之后调入轻工部门陶瓷研究所艺术室后，张育贤有机会跟随著名瓷雕巨匠、陶瓷美术家、景德镇瓷雕艺术家曾龙升先生进一步学习、研究中国传统人物雕塑创作。在曾龙升的指导下，张育贤先生的瓷雕创作有了进一步的提高，创作热情与灵感得到了极大触发，创作了《貂蝉拜月》《太白醉酒》《盗御马》《岳飞》等多件富有学院派写实风格的瓷雕作品。这些作品，人物形象生动逼真，是张先生传统写实风格早期的代表作品。张育贤先生对古代作品坚持"取其精华，去其糟粕"的原则。他吸收传统瓷雕优秀技法，将学院西画知识与传统技法结合在一起，形成了超写实主义瓷雕创作风格。投身艺术50余年来，他凭借献身艺术的狂热与痴迷，借助系统的艺术理论，把扎实的绘画基础融于传统雕塑创作，在艺术探索中体悟出雕塑与绘画相关的艺术语汇。他的作品以形象逼真、神韵灵动、情态细腻为人称道，作品风格写意、写真兼而有之。在陶艺创作中，他将人们司空见惯甚或不屑一顾的题材赋以创造性迁想，进行概括性提炼，大胆开创新的创作模式。

现已辞世的侯一波先生原为景德镇为民瓷厂高级工艺美术师，号洞庭一波，生前为中国工艺美术学会会员、江西省工艺美术大师评委、中国陶瓷美术大师、景德镇名家协会秘书长曾任政协江西省委员会委员,中国农工民主党景德镇市副主委,景德镇市第十届、第十一届人大代表。

侯一波先生得益于“珠山八友”中的王大凡、刘雨岑两位大家及名师王步、徐天梅、吴成仁、熊梦麟的指导,受益良多。他曾参与设计了一批国家用瓷,为艺术发展奠定了坚实的基础。侯一波先生的作品新颖别致,古拙雄浑,自由奔放,高雅俊秀,风格清雅、神秀、古朴、飘逸,表现了较高的艺术品格。他擅长粉彩花鸟和写意青花,代表作有粉彩爆竹瓶《美人蕉》、粉彩瓶《国色》、粉彩瓶《牡丹》、新彩《荷香图》等。

受聘为景德镇市女陶艺家协会荣誉会长、景德镇画院特级画师、景德镇陶瓷研究院副院长和艺术顾问、广东中华陶瓷科学文化研究所顾问等的中国工艺美术大师徐亚凤女士,其祖父徐仲南是“珠山八友”成员,父亲徐天梅 1959 年由景德镇市人民政府授予“陶瓷艺术家”称号。徐亚凤女士自幼受家庭氛围熏陶,从 1951 年开始拜舅舅刘雨岑(“珠山八友”之一)为师,学习粉彩花鸟瓷画。

徐亚凤女士投身陶瓷工艺美术半个多世纪,在艺术实践中吸收中国传统绘画之精华,学习诸多名师之技法,坚持写生练笔,崇尚自然美。她擅长粉彩花鸟,兼画人物、山水。作品构图新颖,造型秀丽,手法细腻、灵巧,意境清雅、优美。主要作品有《水点桃花》和《梅花》餐具(该餐具被选为“7501”毛主席用瓷。如今,这套餐具的散件和套装均成为收藏家不惜重金收购的珍品)。徐亚凤多次身负重任,曾参加国家用瓷、国家礼品瓷和大型瓷壁画如人民大会堂《井冈春色》、首都机场《森林之歌》等的设计、创作和绘制工作。20 世纪 90 年代,她应邀先后赴新加坡、马来西亚以及香港、澳门地区参加作品展,并进行学术交流和考察。这些国家和地区均收藏了徐亚凤的作品。

王成之,一级美术师,是中国国画家协会理事、高级工艺美术师。他1961年毕业于景德镇陶瓷学院美术系陶瓷粉彩专业,在校期间学业优良,得到了胡献雅、余翰青、张志汤、熊晓峰、魏荣生等名师的指导。1961年至1966年,他又师从"珠山八友"之一、著名陶瓷艺术家刘雨岑先生,艺术学习再次得到深造。

王成之先生的作品,构图简洁,画法精巧老到,格调高雅,情趣隽永,曾在香港、新加坡展出,上过中央电视台书画栏目,特别是他的粉彩花鸟草虫,在当代景德镇陶瓷艺术天地中一枝独秀。他作品和艺术经历曾被《收藏家》杂志连续刊登。

以上这些艺术家都曾直接或间接地得到过"珠山八友"的指导,再加上他们自己的努力,随着时间的推移,便各自形成了自己的一套创作理念和见解。而由新的一批大家组成的珠兰画会、画禅阁团体也必然会在时间的推移中,显现出其对景德镇艺术城市、文化城市发展的重要性。

七　父亲的德行

人品如艺品,艺品如人品。品行是衡量一名艺术家的一个非常重要的标准。在中国抗日战争期间,很多艺术家都表现出令人敬仰的高尚品行:看似不问政治的齐白石,在日本侵略军给他送去烤火煤表示"关心"实则拉拢人心时,言辞强烈地断然拒绝,此后也不再与日本侵略者打任何交道;黄宾虹对于来为他祝寿的日本侵略者,更是以死相抗;为了表明自己不为日军演出,梅兰芳蓄须明志,以示拒绝……

自古而看,在书法领域最大的权威,便是书写《兰亭集序》的王羲之了。对于世人对王羲之的推崇到了一个怎样的地步,有人通过“逼夺”和“蒲博”去收集王书,有人甚至将收集到的王羲之的字画用殉葬的方法来据为己有,王羲之的妻弟郗昙便如此做过。而对于他的书迹在市场中的价值,《晋书》中记载:王羲之在老妪卖的六角竹扇上戏笔五字,每把扇子能从原来的二十钱卖到百钱;王羲之写一本经文,能换白鹤一群。六朝时期,对于王羲之的字,“诸王不甚爱好,朝廷亦不搜求”。王书的喜爱风气是自下而上的。

接下来,我们再说一位书法家——蔡京。宋代四大书法家“苏黄米蔡”,这“苏黄米”是不具任何争议、为世人所推崇的;而这“蔡”,则争议颇多。明代张丑在《清河书画舫》中写道:“宋人书例称苏、黄、米,蔡者,谓京也。后人恶其为人,乃弃去之而进君谟书耳。君谟在苏、黄前,不应列元章后,其为京无疑矣。京笔法姿媚,非君谟可比也。”许多这样的言论认为这“蔡”应该是蔡京而不是蔡襄。除了后代的打抱不平,在蔡京活着的时候,他的书法也被宋徽宗大加称赞。纵然如此,百姓仍然更加愿意接受这个“蔡”是蔡襄而不是蔡京。因为蔡京为宋朝“六贼”之一,贪赃枉法,为世人所唾弃。所以,蔡京人品如此,不论他在书法上多有造诣,他也是不会被世人推崇、喜爱的。

两相对比,王羲之人品不错,其书便能自下而上地得到发扬,为世人所知;而蔡京此人人品恶劣,其字即使为帝王推崇,得到部分文人的喜爱,但终究会被历史抛弃。

作为一个艺术家,能给这个社会带来多大价值,他就拥有多少名望。

父亲虽生在陶瓷世家之中，但成长于家族没落之时，所以更加懂得，在别人需要帮助时伸出自己的援助之手，或许便能让他人抓住一根救命稻草。过去，一些单位会举行赈灾创作笔会活动，父亲是逢场必到的。事后，那些单位会给父亲润笔费，父亲也并不收下，而是常常让我退回到那些单位里。有时，有的单位会派工作人员亲自将润笔费送上门来。每到这时，父亲虽然无奈，却仍然不收。他常常对来家里的工作人员说“这也算是我的一份力量”来拒绝工作人员送来的润笔费用。有时候父亲工作在外，没有时间来处理这些事情，便常常会交给我来处理。

景德镇陶瓷馆建成时，工作人员四处募集藏品，来丰富陶瓷馆的馆藏。父亲在前辈刘雨岑和卓安之的支持下，毅然把祖传的一块金品卿画的青花瓷板画《松竹图》捐献给了景德镇陶瓷馆。那幅瓷板虽只尺四，但是写榭“凌霄耸壑倚岩隈”，画竹“删繁削尽留清瘦”，有着金氏“丛篁古木思悠悠”的画风情致。这件作品对于父亲很是重要，不过对我祖父来说更加重要，看到这金品卿的《松竹图》，我就能联想到金品卿和祖父的友情。它是友谊的见证，真个是“松竹曾将写赠之，遗墨到今足弥珍”。父亲在捐赠出《松竹图》后还捐献了金品卿所绘的册页六张，扇面三幅，都题有甲申（即光绪十年，公元 1884 年）的纪念款。好友毕渊明听闻父亲捐赠家珍，在一次相聚的时候，对父亲竖起了大拇指，并称赞说：“好画不私藏，捐赠陶瓷馆。道与义相析，作风大发扬。”父亲的慷慨之举一时成为佳话，陶瓷书画界的同人对父亲的慷慨之举都深表赞叹，说父亲是陶瓷界的新星，后生可畏也。

20多年前，台湾树人女子学校董事长王强华先生出资在景德镇设立“王隆夫艺术基金会”。后由于参与的大多数艺术家和出资人都姓王，父亲便谦虚地提出，还是不要叫“王隆夫艺术基金会”，改为“王氏陶瓷艺术基金”更为合适。在大家的同意下，基金会便按照父亲的提议改了名称。当时的基金会里有台湾的王强华先生、王永生先生，有大陆的景德镇军分区司令王延汉，艺术家王锡良、王恩怀等。

1997年，在王强华先生的邀请下，基金会到台湾进行了访问。我父亲、王恩怀、刘远长、章文超、曹木林、我姐姐王淑凝和作为基金会秘书长的我一起参加了这次访问。访问期间，基金会在台北国父纪念馆举办了首届“景德镇陶瓷名家作品展”，父亲当场作了幅国画，并进行了书法表演。许多当时的台湾名流也前来参观、交流。那一年的春节，我们也是在台北度过的。那时，我们参观了阳明山，又到了台湾瓷都莺歌镇，与镇里的陶艺家进行了文化交流。

2008年5月12日，大地颤动，山河位移，满目疮痍，生死离别……四川汶川，八级强震猝然来袭。西南处，国有殇，触动全国每一个人的心，每一个人都希望能够奉献出自己的一份力量，全国上下几乎都发起过对地震灾区的捐款活动。除了捐赠物资，人们还组织起发布寻人信息、亲自前往灾区帮忙救援等一系列救助行动。人们知道，只有全国人民上下一心，才能让被地震破坏的汶川地区重新发展，让受伤的灾区人民重拾对生活的信心和热情。这场自然灾害仅仅持续了两分钟，却使近9万人遇难或失踪，对无数的人造成了伤害。

2008年5月16日，汶川地震发生四天后，景德镇市文联、美协及景德镇画院等单位组织王锡良、周国桢、杨曙华、吴能和我父亲等28位著名陶瓷艺术家合作创作了瓷板画、书法、字画等艺术作品共29件，并当场举办了赈灾义卖活动。截至2008年5月21日，义卖活动共筹得资金53.26万元。这些义卖资金被全数捐给了景德镇市红十字会。之后，在舟曲泥石流、玉树地震和2010年7月15日景德镇特大洪灾发生后，父亲都曾或单独或和其他陶瓷艺术家一道进行义卖活动，并捐赠义卖资金。

2010年2月1日晚，景德镇市财富大厦演播厅内喜气洋洋。为庆祝中国文联成立60周年，景德镇市文联在财富广场演播厅举办文学艺术界百花迎春颁奖晚会。景德镇市委常委、副市长冯林华，市委常委、宣传部部长马玉玲，市人大常委会副主任冯上延，市人大常委会副主任、市委秘书长余振泰，市政协副主席陈长生、王祖庆等领导与瓷都艺术界代表200余人一同观看了晚会。

2009年，在景德镇市委市政府的正确领导下，在景德镇市委宣传部的指导下，景德镇市文学艺术界的全体工作者团结一心，勇于创新，拼搏进取，取得了丰硕的成果。晚会上，江西省文联副主席、景德镇市政协副主席、景德镇市美协主席何炳钦宣读了2009年景德镇市文艺界获奖名单。

马玉玲也在会上致辞。她向大家致以新年的问候，同时向获奖的艺术家表示祝贺。

颁奖晚会在舞蹈《欢聚一堂》中拉开帷幕。整台晚会载歌载舞，形式多样，异彩纷呈，既有歌舞节目，又有诗朗诵，还有别具特色的葫芦丝演奏和韵味十足的京剧《沙家浜》选段。

晚会还穿插了一系列颁奖活动。2009年“第十一届全国美展”金奖获得者孟福伟和铜奖获得者张婧婧、第九届“中国民间文艺山花奖”获得者孙立新等艺术家受到表彰。

景德镇市书协、民协的书法家还现场表演了书法、木雕、剪纸艺术，并将作品赠予在场的嘉宾。颁奖现场，景德镇市美协、摄协还向景德镇市文联捐赠了义卖作品。

晚会还上演了温馨一幕。我父亲和在座艺术家们现场向困难家庭捐献10万元人民币，并将支票转交给珠山区民政局。

在活跃的气氛下，冯林华、马玉玲等领导为新中国成立60年来为景德镇市文艺工作做出突出贡献的19位艺术家颁了奖。这19位艺术家分别是王锡良、宁璘、刘云艳、陈啸兰、程履芬、吴海云、何明炎、王隆夫、周国桢、汪桂英、章文超、张国政、张松茂、王世玉、韩湘文、王恩怀、陆如、黄卖九、袁鸣霖。最后，晚会在舞蹈《各族人民迎新春》中落下帷幕。

2013年7月14日下午，“午夜的阳光——中国艺术家北极探险之旅”在文新报业大厦举行了隆重的起航仪式。我国艺术陶瓷界的部分艺术家们于当晚从上海出发，在北极进行了为期12天的北极艺术探险之旅。那场北极探险之旅是在7月举行的，而7月的北极正处于极昼之中，就算是午夜时分太阳也依旧闪耀，照亮北极这片白茫茫的大地。这一奇观被世人誉为“午夜的阳光”，被赋予“永恒的光明，长久的美好”的意义。这也正是那次探险之旅定名为“午夜的阳光”的理由。

那次探险之旅是一场艺术探险之旅，是中国艺术家首次踏上北极大地。在7月这样一个时间点前往北极，寓意是让中华文化之光照耀人迹罕至的北极。陶瓷是中国最具代表性的文化元素，历来是中国对外文化交流的使者。因此，年逾八旬的父亲和周国桢教授有幸被邀请作为陶艺界的代表前往参加。

父亲和周国桢教授前去北极的任务不只是观光，更重要的是把自己创作的以北极为主题的作品赠送给中国北极科学考察站——黄河站，以此呼吁人们在开发、建设北极的同时能够注意到对北极生态环境的保护。同时，父亲还随行与冰岛总统以及冰岛首都雷克雅未克市市长进行了会晤，并参与了一系列双边文化交流活动。途中，艺术家们还举行了中国现当代陶瓷艺术精品慈善义拍活动，义拍所得被全部捐献给了中国极地研究中心，用于中国冰岛极光观察站的建设。

2014年，父亲已经84岁了，身体日渐消瘦，终于形销骨立。看着状态不如以往的父亲，看他仍然努力地篆刻、绘画，有时我会提醒他几句，让他稍微休息一下。父亲倒也听我的话，或许是经我提醒，他才会想起自己的身体已经很劳累，需要休息了吧。父亲虽然仍会很努力地工作，可是，因为身体状态不如以前，他的工作量也减少了许多，工作效率也较低了。之后，我在父亲的工作台上就更少看到篆刻工具了，因为篆刻除了要在方寸之间布局文字、进行创作，还需要花费眼力、心力和手劲。在绘画方面，因为工笔人物在细节处要花费许多心力，所以父亲也停止了创作。但是，父亲仍然在创作写意花鸟。有时候，有人会请父亲为单位或者商店撰写招牌之类的，对此，父亲还是有心力去应付的。

在景德镇市城北的昌江河畔有一座山，名曰石埭山，俗称石嘴头，山高不出五丈，然而岩涯鞘峻，奇石突兀，古樟蔽日。远远望去，红墙赤瓦的观音寺诸殿坐落在绿树浓荫之中，犹如一颗颗晶莹的红宝石镶嵌在一块硕大的碧玉之中，相映成趣。而此处远近闻名的观音阁，通过史料记载可知它始建于明末清初，在鼎盛的时候，一共有五大殿，三阁二亭楼，规模颇大。因为浮梁县通衢穿此而过，所以观音寺内佛事仍频，香火极其旺盛。加之此处西临昌江水，东靠石埭山，山上针松成林，四季常青，江中碧波荡漾，帆影点点，使观音寺成为景德镇一大景点。

父亲的作品

因为发展需要，观音寺需要装饰一栋禅画研究院，大概需要近40万元的费用。父亲在珠兰画会和朋友聊天时听闻此事，回家就叫我着手准备一下为寺庙筹集善款的事情，然后便开始在工作室内为此创作作品了。父亲仅花费一两天时间就完成了工笔兼写意作品——粉彩瓷板画《布袋罗汉》,然后将这幅作品进行售卖,将售卖所得善款全数捐赠给了观音寺。这笔捐款让寺庙禅画研究院的装修工作很快得以实施。父亲捐完款后,也十分关心禅画研究院的装修进度,时常让我到寺庙里去查看一番或者自己在身体状况稍好时亲自前往查看。

当时,常常是由住持无生大师和监院李杰来接待父亲的。父亲询问进度情况之后,有时便会和无生大师一起品茶,谈论佛法。虽然父亲并不信佛,但佛法之中却有着真善至理。父亲与无生大师他们参禅,在佛法中寻求着一些东西。我不知道在父亲最后的这一段时间里找到了他所要找的东西没有,不知道他在思考什么。或许,父亲还有些事情放不下;或许,寂寥的父亲想在佛法中寻得一丝慰藉。也许,随着父亲与无生大师的一次次交谈,他想要的那个答案已经在心中清晰了。我曾向无生大师询问了一下父亲的情况,无生大师只是遥头,说那些已经不重要了,事情已经过去,便让它过去吧,更重要的是现在,是未来。

我或许永远也不会知道父亲在最后的时光里想了些什么。我可能也并不需要知道,或许,一些事情沉入时间的洪流不被人所知才是最好的归宿。我现在所需要做的只是秉承父亲的遗志,继续向前走下去。

经过长达几个月的装修,画禅院终于焕然一新。竣工之后,昌江河畔的禅画研究院常常灯火通明,只是此时父亲已经驾鹤仙去,无法看到这番胜景了。

2015 年父亲,离开了我们,享年 85 岁。一个人与其说在 80 年的时间里能够做些什么,能够达到怎样的成就与高度,倒不如说,人这一辈子对社会做了哪些贡献,发挥了怎样的个人价值,因为这些才是我们应该追求的人生意义。这样的话或许是老生常谈。人的一辈子能有多长、能走多远？是光芒万丈、妇孺皆知，还是暗淡无光、无人问津？人生，或许是碌碌无为的，或许是成就非凡的。有的人，四世同堂已是满足；有的人，逍遥自在，活得潇洒快活。

在景德镇，一位老人用了一生，画了一辈子，创作了一辈子，手中画笔在瓷上勾勒出数不清的惟妙惟肖的历史人物和生动形象的花鸟之景。父亲十几岁开始学艺，但到了晚年成为瓷坛泰斗，也仍自谦为平常的手艺人。

几十年来，同父亲一起学习、生活，我从父亲的身上学习到了很多东西。学到的这些东西，总结起来，我觉得可以归结为一个字，那就是“道”。道法自然，而生万物。中国人在5000多年漫长的文明历程中发展了有独特个性的民族精神，形成了自己的审美意识，尤以温柔敦厚的美学体系和以营造意境为主的美学风格卓著于世。但是“道”并不是封闭自足的哲学范畴，本质上和西方的“逻各斯”是相通的，都是对于世界本质的虽然混沌但又确实是宏观的提示。中西艺术互相渗透沟通，同时保持各自特性。

与艺术相比，人生才是最根本、最重要的。我们应该摆正艺术与人生的关系。艺术只是人生的派生物，首先要做一个有价值的人，只有在能够反映人的价值的时候，艺术才具有艺术价值。孔子的“仁爱”“自强不息”、孟子的“养浩然之气”、老子的“虚静”以及庄子的“洒脱”中，都蕴含着我们做人、做事的道理，搞艺术的人更应该懂得这些道理。中国人是提倡把人品与技术、艺术结合起来的，这种人品与画品、书品、文品的统一论，是中国文艺批评史的可贵传统，也是中国人对艺术本质深刻理解的体现。古人有“艺者，德之华也”的说法，就是一要求技艺之长进，二要求道德、人格之建立。

八　父亲的作品

父亲的作品《九老九寿图》

父亲的作品《九老九寿图》，是根据唐代诗人白居易的《九老图诗》所创作的一幅粉彩人物画，也可以说是诗意画。据《新唐书》记载，白居易晚年退居洛阳香山，曾与郑据、刘真、卢真、张浑、卢贞等八人宴游雅聚。九人皆高年，世人称为“香山九老”。父亲以白居易的《九老图诗》为母题和起点，根据陶瓷载体的特点、工艺的需求、视觉形象表达的可能以及父亲自己的体验，进行了富有个性的创作。“诗是无形画，画是有形诗”在这件作品中得到了生动而形象的解读。父亲为了表现九位“拖紫纡朱垂白须”的老人雅集欢娱的场景，结合薄胎碗展面的位置，把高寿者的姿势处理为或伏卧、或围跪、或倚、或坐，画面分为四段，各段巧妙组合。其中，展笺咏读者，“诗咏两句神还王”；举樽邀酒者，“酒饮三杯气尚粗”；赏梅戏鹤者，“婆娑醉舞遣孙扶”；听松弄竹者，“巍峨狂歌教婢拍”……作品既刻画了人物的形貌特征，又注意了人物之间情绪的互相呼应。由于采用了散点式布局的构图方法，器具每个截面都有一个主题形象，达到了面面是观的视觉效果，兼之用松、石、梅、鹤点缀其间，每个画面又连接在了一起。这种巧妙的空间分割和接续的方法，使得山、石、草、木在气氛上融为一体，景断情连而疏密有致，虚实相生，具呈开合、呼应、对照、掩藏之趣，充满了“天年高过二疏傅，人数多于四皓图”的愉悦氛围。在这幅作品中，父亲在人物造型上运用了兼工带写的表现手法，细笔处，丝丝入扣；放笔处，轻重徐疾，随意为之而跌宕自然。如在白居易与刘真展笺吟诗的画面中，父亲对白刘二人眼、眉、鼻、须的刻画，当粗则粗，当细则细，疏密得当，极有分寸；而在衣纹、发式及背景上，那畅快的行云流水描和飘逸的兰叶描，挥洒自如，颇有柔和、文雅的笔墨韵致，把一对诗友“微物而流连”的瞬间情态生动地描绘了出来。

因为阅读过许多古代书籍，父亲画画也就更能知道画出每个历史人物在特定环境下所该呈现出的神态气韵。如父亲在画古衣冠之时，便能够将高贤、逸士和文人画出那种萧疏、恬适、蕴藉的一面；在画道释佛儒之时，可表现出他们静穆、庄重、威武神勇的一面；而在画仕女、名姬、闺秀的时候，则会更加注重人物纯情、形美、内秀和娴静的一面。父亲作画时，在用色、用线方面总是舒缓平易，以高古游丝描、钉头鼠尾或铁线描为基调，辅以微妙的铿锵顿挫之功；而在用墨、用色上，却以简为上，以和为贵，尽可能单纯，尽可能轻描淡写，同时又在单纯和轻描淡写之中营造出一种醇厚的韵味，尤其是在造型和布局上总是施以明确的变形意绪，在因势利导的平展化、萧散化、空灵化的过程中，捕捉人物形象的视觉张力。在把握适合每个人物形象的感情时，父亲还会通过自身体悟对人物进行再创作。比如之前说到的《八仙过海》中的曹国舅。

父亲的作品《无量寿佛》

父亲有一部因为当初在烧花烧炉时出现意外而为之惋惜、念念不忘的作品——粉彩瓷板画《丽人行》。《丽人行》这部作品取材于杜甫的同名诗作，长达三尺六。父亲在创作时，在人物设计、画面装饰、景物布局、设色敷彩及题诗书法等方面都基本表达出了杜甫诗中的原意，对长安曲江和芙蓉苑的繁华景象，对虢、韩、秦三国夫人的娇艳华奢，对杨国忠的飞扬跋扈，都进行了独特刻画。然而这些努力都因烧花烧炉时瓷板意外断裂而付诸东流，让众人惋惜不已。父亲虽然非常喜爱这件作品，但终究还是没有再去创作一幅，因为父亲认为，“一件有好的创意的作品，贵在一气呵成，倘若事后再复制，纵然能够蒙得过外行，但在行家的手里、眼里，总觉得缺少一种激情下的神韵”。

2007 年初，我与父亲合作画了一幅大型瓷板画——《八仙神游图》。作品采用全粉彩装饰，横向构图，在没有炉烧之前观看效果非常好。但在经过炉烧之后，画面破损了，结成了三大块，八仙变成了一边三仙，一边五仙。五仙那一边的构图变成了正方形，比较完整；三仙那一边的构图几乎报废，且不完整。五仙那一边虽完整，但八仙只有五仙，内容上少了三仙，不能成为独立的完整画面。裁剪之后，父亲端坐在画前，沉默思考良久，突然起身，用料笔欣然题写“待会三仙赴瑶池”。这一化腐朽为神奇的做法博得了在场艺术家的高度称赞。父亲通过更改画名的形式巧妙地将局部作品变成了一幅完整作品，同时又留下了充分的想象空间。

有一次，父亲的一位朋友拿来了一块白胎盘。瓷盘釉色和器形都平整，但非常遗憾的是瓷盘的中上部有一个球形的小包，一般人都会因为这个毛病而把它看作次品。父亲却认为“为玉有瑕而不失其美”，接着便在瓷盘上画了一个手托美珠的高僧。此“美珠”便是那球形小包，那原本的毛病经过父亲巧妙处理，倒成了画龙点睛之笔。

很多年以前，父亲在喻木华大师的工作室里画一批青花釉里红花鸟瓶，打电话让我开车去喻木华大师的工作室里取。于是我带着我的学生俞瑞林去取烧好的作品。作品成品的效果十分好，釉里红发色红中注绿，青花料发色也非常好，父亲十分满意。

为了安全地把梅瓶运送到父亲家中，在车上，我们几个便干脆每个人都左右手各拿一个，父亲也抱了两个。在父亲家门口下车后，父亲自己先抱着两只梅瓶上楼开门,俞瑞林不知怎么回事,下车时不小心把一支梅瓶的口沿碰了一下,结果瓶口破了一小块。当时我们都傻了眼,俞瑞林更是十分慌张。父亲却说:“算了,算了,不要紧。”说完,他自己把梅瓶拿来看看,不断地叹息摇头。

我思考片刻,便载着俞瑞林,带上那只破了口的梅瓶,去了新桥旁边的余小康的工作室里。余小康师傅早年是景德镇做瓷板的专家,后来又潜心钻研薄胎瓷碗,研究烧造的大型薄胎碗曾经创造过吉尼斯世界纪录。余小康看过缺口沿的梅瓶后说;“没问题,我可以妙手回春。”之后,他便用切割机把破损的口沿裁掉一圈,然后用水磨砂纸把口沿磨成十分细腻的胎面,使得大瓶口的梅瓶变成了小瓶口的梅瓶,而器形一点都不失美感。我把梅瓶带回家,父亲看后十分满意。

其实国画界的一些大师也会这么做,画了一幅大画后,将其裁剪成若干幅小画,题款盖印后,这些小画便变成不同构图形式的作品了。陶瓷裁剪有时也会使器形更加丰富多样,多姿多彩,颇有柳暗花明又一村的感觉。

2013 年 4 月 30 日,父亲带我前往南昌,一同参加在南昌 791 艺术中心拜望得美术馆举办的父子陶瓷展。说是一同参展,其实是父亲为我的作品捧场。在 1500 平方米的展览场地里,我们父子的参展作品一共多达 100 多件,其中,父亲的作品《达摩东渡》价格达到了千万级别。这次参展给我的最大收获,不是使我扩大了知名度,而是父亲对我的一些教导让我受益终身。父亲在早年进行创作时便吸收书法、绘画、金石的营养,形成了自己的创作理念。我记得他在当时对我说瓷艺创作要做到“三个不敢抛弃”,即不敢抛弃唐诗、宋词、元曲,不敢抛弃中国的书法艺术,更不敢抛弃景德镇千年的陶瓷文化底蕴以及陶瓷的特有材质。对于这“三个不敢抛弃”理念，他说，站在前人创作、积累的基础上，找到一个创作方向，哪怕只能取得一点小小的突破，都能使作品具有新的生命力。

父亲的作品《达摩东渡》

现在，我一到创作的时候，父亲在父子陶瓷展上的教导便萦绕在耳。它就像是一盏在我迷失创作方向时点亮的明灯，让我在茫茫雪地上看到已走出很远的一行足迹，指引我在陶瓷艺术之路上继续前行。

父亲也非常看重写生。有些人不理解写生的重要性，以为前人给我们留下了极其丰富的美术数据，我们照搬照套就可以了，何必要去写生呢？但是，父亲认为这种看法是片面的。前人所留给我们的数据固然重要，但是，生活是创作的源泉，要反映生活、记录生活，就要坚持写生，以便为创作积累素材。大自然是最好的老师，为我们提供了取之不尽、用之不竭的创作源泉。古人所说的“搜尽奇峰打草稿”，正是写生活动。父亲认为，在写生的时候要有一个美好的心情，只有美好的心情才会带来美好的感受，有了美好的感受，内心就会产生创作的激情。他还说，写生要懂得取舍，要把近处美的景物画下来，将那些不美的留在现实中而不要让它爬上画布；同时，我们还要看到远处的美景，然后把它画下来。

正是因为父亲从古典书籍、前人经验中汲取了营养，又结合日常生活的生活体验和写生实践积累了大量创作素材，所以父亲的作品能够惊艳世人，为世人所推崇，所以父亲的作品才不会拘泥于一种模式，不会让人物、花鸟千篇一律，了无生机。

父亲在早年的教学生涯中就经常带学生深入农村或者偏远地区进行艺术写生活动，像景德镇周围的鹅湖、瑶里等地方，都留下了父亲和其学生的足迹。到了晚年，父亲的时间更加充裕，工作之外，父亲会抓住放假时间外出旅行写生。父亲多次从市里坐汽车到赋春，又从赋春步行几十里路到婺源，一路走一路写生，每次前后都要历经几十天，获得了大量创作素材。2005 年，父亲跟随王锡良、张育贤、乐穹在瑶里待了一周左右的时间，进行写生活动。

父亲游历过祖国的不少名山大川，比如南边的庐山、黄山，北边的泰山、华山，也在这些地方分别待过一段时间，进行写生活动。在这众山之中，父亲酷爱黄山。父亲觉得这黄山千峰隽秀，千壑藏云，奇峰、怪石、云海，四时之景，又各有不同，让人流连忘返，纵使到过千回万回，也不会产生厌腻之感。黄山这些绝妙的自然美景也使我在游览时一饱眼福，激发了我狂热的创作激情。我总是想，如何才能将这令人叹绝的美景尽数收入我的画中，我又该如何充分表现出这景色之美呢？而我在没有创作思路时，也总是会回想黄山的这片美景，因为它使我的创作素材得到了极大丰富。父亲常年住在景德镇，黄山离景德镇并不远。一到长假之时，父亲就会赶往黄山。

九　回忆职大

1994年，景德镇陶瓷行业正处于从计划经济向市场经济转变的惊涛骇浪中，曾经辉煌十大瓷厂正经历着逐步改制的过程，一家接一家相继关、停、转、并。陶瓷行业的低迷，也使得景德镇陶瓷职工大学的生存出现了危机。

职工大学在创办之初便面临诸多困难。最大的困难是生源不足。瓷厂的不景气造成了本地生源的流失。生源问题直接导致学校硬件投入不足，甚至教师的工资发放都有困难。

虽然面临许多困难，但是职大当时拥有许多能力很强的干部，还有一批非常敬业的教师。

为了扩大招生，适应市场经济发展的需要，职大开展多渠道办学，实施跨地区联合办学，以此来提高办学综合竞争能力。职大还和全国一些知名大学实行联合招生，充分利用各自的办学资源，实现优势互补。

职大和当时的许多知名大学如东南大学、上海铁道大学建立了长期合作关系，和他们联合办本科教育，如职大的学生可先在职大读两年，第三年到东南大学就读，毕业后获取本科学历。同时，职大的优秀人才也被送往江西省内的高校如江西大学、江西师范大学，就读美术系的研究生班。在往高等院校输送人才的同时，职大也和外省的一些技工学校、中专学校联办，让他们的学生进入职大进一步深造。职大还充分利用各种办学资源，根据市场对人才的需求情况，举办了各类中短期专业技术培训班。

在扩大招生方面，职大当时的招生办主任叶树松立下了汗马功劳。他竭尽全力策划、组织、协调、参与这些招生工作，并在工作中显示出了出色的才华和工作能力。

最后，职大由之前的单一办学模式，发展到中专、大专、本科、研究生的人才梯次培养模式，推动了职大学校成人高等教育的发展，成为当时全省乃至全国的先进样板学校。

当时管后勤的校长是汪镇海，工作经验丰富，善于与人沟通，对外交往能力非常强。他通过争取景德镇市政府的支持，多次赴南昌取得江西省发改委、江西省财政厅等相关部门的支持，获得融资 80 万元，建设了一座美术教学大楼。当时美术系的学生全部在新楼上课。

要办好大学，必须要有一流的师资。职大采取“走出去、请进来”的方式，一方面派自己学校的教师到中央美院或其他知名高校进修学习，另一方面，也请了许多全国知名艺术家、学者成为学校的客座教授，请了景德镇本地有经验的陶瓷大家来讲课。受邀者包括秦锡麟、黄卖九、我父亲王隆夫等著名大师。对于职大的工作，父亲是大力支持的。

职大设有两个校办工厂，这两个工厂成为老师、学生实习和创作的基地，同时也成为学校的陶瓷生产研发中心。职大把老师和学生的作品转化成产品，通过和江西省进出口公司等单位合作，在上海工艺品展览中心成功举办了师生陶瓷精品展销会。

职大还成功地把学校的老师推向海外，如组织职大老师的作品和王锡良、张松茂、秦锡麟等大师的作品共同在海内外展出。职大还成功地为张学文老师在香港举办了个展。

后来，经过大半年的努力和调整，职大由原来单一的科系设置，发展出多门类的科系设置体制，由原来的几个班级发展到几十个班级的规模。学校的教室、礼堂也全部翻新。全国各大产瓷区学生的到来，既充实了职大的生源，也促进了职大的发展以及和全国各产瓷区的交流。通过发展，学校也由原来的亏损状态转变为账面上有 180 多万元的盈利，从发不出教师工资转变为教师工资比公办学校教师工资待遇还要好。

学校在办公楼二楼设立了一个陈列室，展示学生毕业作品和老师作品。美术系为本校教授如程曲流、方复、张学文等设立了个人工作室。能拥有这样的个人工作室的艺术家，在当时的景德镇是为数不多的。

在不到一年的时间里，职工大学又从艰难的低潮期迅速走向高潮并且各项活动都搞得风生水起。当时，不仅江西省内的南昌机械大学、南昌纺织职工大学等职业技术院校，就连外省的一些兄弟职工大学也纷纷到景德镇职大来调研、考察、取经。全国高校的很多学术会议，景德镇市重要的文艺、体育活动，陶瓷公司的大型活动，都是在职大举行或是在职大筹备的。父亲非常高兴，希望职大能够越办越好。

当时的景德镇市常务副市长管日顺曾经到陶瓷职工大学检查工

作。在参观考察结束之际,他不禁由衷赞叹:“想不到在莲花山这样的山沟沟里,还有这样一所漂亮的现代化校园。”为此,景德镇市政府还专门奖励陶瓷职大5万元资金以资鼓励。

陶瓷职大经历了从诞生、发展、壮大到衰落的过程,最终在历史的烟云里销声匿迹。父亲在那里度过了一段美好的岁月,有着快乐的记忆。他曾经的职大同事和学生也一定都会记得那些已经消逝的时光。

十 母亲病重及逝世

10多年前,母亲被查出了糖尿病。一家人都急了,希望母亲能够积极治疗。我有一次在百度上查了一下糖尿病的治疗方法与食疗的问题,得知糖尿病是有遗传性的。因此我也空腹到医院去做了一下血糖检测,发现血糖偏高。回到家告诉母亲,年近八旬的老母亲十分着急。一天上午,天下着小雨,父亲打着一把雨伞出去了。一小时后他回来了,从口袋里拿出来一盒药。我一看,是“拜糖平”。从父亲的脸上可以看出,老人十分着急。父亲说一定要治好,我告诉父亲一定要听医生的,不要随意上街买药吃。后来,我听从医嘱,管住嘴,多运动,血糖就正常了。如今,10多年过去了,这盒“拜糖平”仍然被我保存在一个盒子里,以纪念父亲对我的关爱。

2010年,我和家人一同前往日本游玩。起初,我和母亲商量说有时间时大家一起去日本逛逛,她不太愿意地说:“去一趟日本多麻烦啊,又要办理手续,又要安排行程,而且在那人生地不熟,多不方便啊。”我告诉她:“这些你都不用考虑太多,到时你跟我们去玩就是了。”

母亲倒也不再说什么,只是开着玩笑说道:“那你会说日语吗? 说几句来听听。”我一时语塞,大家听了都哈哈大笑。我父亲见状便顺便接了话茬,还真说了几句日本日常用语。家人听了父亲掺杂中文的日语,都咯咯地笑。父亲接着说道:“胜兰哪,你跟着我一块生活,我早些年的时候生活条件不太好,让你受了许多苦。以前没有太多条件和你一块出去游玩,现在生活稍微稳定了,我们就和大家出去走走吧。而且你在家里做了这么多事,也该休息休息了。”听了父亲的劝说,母亲挺欢快的就答应了。

其实,细细想来,在父亲挑起生活重担的过程中少不了母亲忙前忙后的身影。在工作上,母亲作为一名填色工在瓷厂上班,除了挣取一些生活费用,有时候在父亲进行艺术创作时也会给予很大的帮助,像为父亲的一些作品上色。因为母亲对颜料有自己独到的见解,所以父母二人通力合作的作品中不乏精品。在生活上,父亲忙于工作,所以母亲更多地承担起了照顾家庭的重任,对家人的照顾可以说无微不至。我们一家人又比较多,所以照顾起来比其他家庭更加困难,但是母亲顶住了生活的压力。

所以,过了这么久才第一次带母亲远游,让我颇为愧疚,觉得是因为自己“失职”而不能及时地让母亲享受生活。那次我们一家出行,先是到了上海,然后坐飞机到大阪,之后又乘坐新干线到东京。这一路花费了我们许多精力,也花费了我们许多时间,不过在到达目的地后,在东京游玩,让我和我的家人感受到了异国衣食住行等文化,欣赏到了日本著名的景点。在游玩过程中,母亲紧紧地挽着父亲的手臂,就像是个害怕在异国他乡走丢的小姑娘。二人俨然是一对在异国度蜜月的恩爱夫妻。

那一次从上海去到日本，还有一件事让我记忆犹新。这件事在别人看来可能是件小事，是细枝末节，无足轻重，可是，正是这一看似鸡零狗碎的事情，让我真切感受到父亲对母亲无微不至的关心。在东京游玩的时候，母亲在一个商店里挑选衣服，挑来挑去，穿来穿去，最终还是没有买。她说没有合适自己的衣服，然后和店家说了一句“麻烦了”就走了。后来，在中午吃饭的时候，父亲私下找到我，问我有没有带够钱，他要去给母亲买一件衣服。我回答说，在来日本前兑换了许多日元，应该够。然后父亲就带着我回到母亲上午挑选衣服的那家商店，挑了几件母亲上午试穿过的衣服，叫我去付款。虽然对父亲的这个举动有点疑惑，但我还是去付款了。这两三件衣服折合人民币 10000 元左右。在从商店回住处的路上，父亲叫我把衣服给母亲送过去，然后说，她问起价格时，你就说没有花几个钱，不然到时她又要把衣服给退回去。我一口答应，然后问父亲怎么会忽然想到回那个商店给母亲买衣服。他回答说，上午我看你母亲在商店里挑选试穿时，一直在这几件衣服里挑来挑去，问了价格后又放了回去，我想她肯定又是不舍得给自己花钱了，所以当时也没说什么，等到中午休息时才和你一起去给你母亲置办这几件衣服。回到住处，我给母亲把这些衣服送过去。果然，母亲见了真是眉开眼笑呢，问我怎么又回去买了。我说主要不是我，是父亲看透了你，知道你喜欢，就叫我一起去买的。之后，母亲果然问起了价格。我说，没几个钱，就当是我孝敬您老人家的了，您养育我这么大，支撑我们这个家这么久，我们无以为报，只能做自己能做到的事情来报答母亲了。母亲笑笑又说，这衣服的码子、颜色你可挑得真好啊。颜色、码子并不是我挑的，于是我忙着解释说是父亲挑的。母亲脸上又绽开了笑容。

事后想来，这件事情让我对母亲和父亲的感情另有一番深切感触。母亲常常以这个家庭为生活的中心，必要时还会牺牲自己来成全这个家庭，这是母亲维持这个家庭的原则，所以一直以来她对我们都照顾有加，在衣、食、住、行等方面常常是先考虑我们，之后才会想到自己。这个家的兴盛正是母亲辛勤付出的结果。而对于父亲，我看到的是父亲对母亲无微不至的关心，而这种无微不至的关心，就像是一叶知秋。其实不只是对母亲，父亲对我们家的每个成员也是如此。他能够关注到我们生活中每件细枝末节的事情，看到我们喜怒哀乐的变化，看透我们内心的想法，从而付出他的努力来让我们健康成长。

人生无常，世事难料。没想到那一次和母亲去日本远游，竟是我和母亲最后一次共同远游的经历了。往昔的温馨画面纵然历历在目，但却终究是一戳就破的泡沫。2012 年，母亲疾病缠身，最终离开了我们。那个撑起我们家半边天的人最终还是在岁月面前倒下了。母亲的离去后，我的精神支柱也仿佛倒下了一半。在母亲刚离开的那段时间，我常常魂不守舍，工作时不能够集中心力去做，创作时脑子也是一片乱，无从下笔。

母亲的离去让我和我的家庭沉浸在悲伤的气氛之中，然而，受这件事伤害最大的则是父亲。父亲在母亲离去后，常常郁郁寡欢，终日不见欢颜，有时更是以泪洗面，借酒消愁。父亲有时一顿饭便要喝掉半斤的高度白酒。虽然父亲酒性好，但是他那时已经是 80 多岁的高龄了。见父亲如此，我更是悲从心来。劝他，但根本无法缓解母亲离去后父亲心中的失落；不劝，已是高龄的父亲一次喝这么多白酒，身体又该如何消受呢？我常常希望能够分担父亲心中的那份痛，可是又无能为力。作为儿子的我虽无能为力，却不能袖手旁观。我希望自己能够付出一份努力，让父亲减少或者能够忘却心中的那份悲伤，乐观地正视母亲已经离开人世的事实。

很长的一段时间后，在孤独寂寞的幽暗狭长的隧道之中，父亲不再茫然四顾而无法找寻到出口。他找到了我这个光亮的心灵出口，走出了那个幽暗潮湿的隧道。父亲最初只是一人默默地承受母亲离开带来的痛苦。后来，接受了这个事实后，父亲便常常在感到孤独寂寞时来找我，以消遣自己心中的苦闷。

大约是在母亲去世的六个月后，我准备前往武夷山写生，为期一个月左右。我在家准备时，父亲见我收拾行装，就问我去哪。我回答说去武夷山写生，并且问父亲要不要和我一同前去。父亲边帮我收拾行装，边支支吾吾地说了许多理由，说要待在家里，就不和我一起去了。我见父亲执意留在家里，也就没有再请求了。联系好姐姐和妹妹在有空时来父亲这陪陪父亲，又嘱咐家里人细心照顾父亲，一切准备就绪之后，我就出发了。

在去武夷山的路上，在上饶停下休息时，我又想到父亲。细细考虑了一遍，我还是觉得应该带父亲一同前来，一来可以缓解母亲离去后父亲心中的悲伤情绪，二是可以消解、排遣父亲内心的孤独、寂寞，三来我可以有更多的时间来陪伴父亲。所以我又打电话与父亲商量。最终，父亲答应了，于是我马上驾车回去，接上父亲去武夷山写生、游玩。

父亲和我一同前往武夷山的话，我所要照顾的事情相对我和其他人同去要更多，所以，我叫上了在上饶的学生吴闻同我们一起去，有什么事他可以帮帮我的忙。吴闻一家听说我是学校的老师，同行的又是景德镇的瓷界泰斗，所以很重视，决定亲自来迎接我们。我们从景德镇走高速公路来到上饶，看到吴闻和他的父亲吴云飞以及吴闻的一个伙伴林永一行人都已经在高速路口上等待我们了。为了赶时间,我们并未下高速,而是继续在行驶,前往武夷山。一个多小时后,我们就到了武夷山景区。武夷山风景秀丽,山水相映,我们一群人则热闹非凡,鼓舞欢欣。在风景和气氛的带动下,一路走下来,父亲的脸上一直是挂着笑的。游玩之后,我们就开始了为期三个星期的写生之旅。就这样,在武夷山这个让人流连的地方游玩、写生之后,我们就准备返回景德镇了。经过上饶时,我们在吴闻同学家中住了几日,然后才回到景德镇。在分别的时候,吴闻的父亲吴云飞还准备了武夷山的大红袍茶叶、武夷肉桂等特产作为赠礼送给父亲,父亲再三推脱不去才接受。父亲回到景德镇后,调整了几日,容光焕发,精神饱满,比以往看起来更加开朗了。因为接受了吴云飞先生的特产赠礼,父亲回到家中后,在自己的工作室内创作了许多国画,还写了一些书法,然后叮嘱我将作品包装好后交给吴云飞先生,作为对上次吴云飞先生赠送武夷山特产的谢礼,并对吴云飞先生在武夷山及上饶时的照顾表示感谢。

那一次我带父亲的出行,可以说对父亲精神状态的恢复有很大的帮助,让父亲及时地走出了母亲离世的阴影,不再沉溺于悲伤之中。父亲也不再出现一顿饭要喝半瓶高度白酒的情况,这样也就不会对年事已高的父亲再产生身体上的残害。那次出行在给父亲带来精神安慰的同时,也是给身为儿子的我带来了慰藉。母亲去世这个事实足够让我悲伤,但是面对无法改变的事实,我只能选择接受并走出阴影。而如果在世的父亲有需要我这个儿子帮助的地方而我却无能为力的话,那我会感到无助,甚至陷于绝望的境地。但是,我让笑容再次回到了父亲脸上,这是对我这个做儿子的最大的鼓励。我看到了希望,知道了自己存在的意义以及所能给予父亲的报答。

除了我带父亲到武夷山游玩，还有一件出行的事情让我难忘。那件事更让我感到我对于父亲是重要的，父亲是需要我的。

那件事发生在武夷山采风归来的一个月之后。那时我要到南昌学习，为期大概两个月。后来，九江职业技术学院院长、博士、教授魏寒柏知道我在南昌学习，就跟我说，你在南昌学习还不如到九江庐山来。因为我在九江那边也有很多同学，所以就应邀去了九江。到了九江，我正在和同学聊着天，忽然父亲来了个电话。在电话里，父亲嘘寒问暖，跟我说要注意身体，不要过度劳累，开车要注意安全，等等。我一边应承着，一边在心中思考父亲刚才的话语，然后，我察觉到父亲心中的那份孤独。所以，在通话快要结束的时候，我就问父亲是否要到庐山这边来，我可以在星期六、星期日陪他去庐山和九江市这些地方游玩。父亲先是说太麻烦，后来，在我的再三劝说之下，他也就欣然答应了。

因为我在学习期间有很多事情，确实脱不开身，所以这次就将把父亲从景德镇接到九江庐山的任务交给了我的另一位学生俞瑞林。俞瑞林到了景德镇后先是给我打了个电话，说是到了我家楼下，让我叫父亲下楼，然后我就把父亲的电话号码给了俞瑞林。俞瑞林给父亲打了个电话，叫父亲下楼，说已经在楼下等候，可以出发了。后来我听俞瑞林说，父亲从接到他的电话到下楼上车，这个时间是非常短的，只有两三分钟，非常出乎他的意料，他本以为父亲还要收拾行装，要等候上一段时间。俞瑞林的这一段谈话，让我感受到父亲对于能到九江来和我在一起是非常欢欣快乐的，也让我猜想父亲是否早在出发之前就已经收拾好了行装或者因为听到接他的车来了便心中欢喜、健步如飞，能够在这么短的时间里赶到俞瑞林那里。

母亲离世这件事情，对我们家里的每个人都产生了巨大影响，特别是对我和父亲。父亲在母亲离世后，因为悲痛，曾一度每顿饭要喝半斤高度白酒，对身体产生了巨大的副作用，使得身体大不如前，所以之后我也就不允许父亲花费太多精力去创作了。同时，对于我，母亲的离世让我感到悲痛，让我尝到了失去亲人的痛苦，让我再添一份人生的沧桑。因为这是无法避免的事，所以我能够坦然处之，并尽早从这悲痛中脱离出来。除了看到这份必然，责任感也让我知道，母亲的倒下就是家庭支柱的倒下，而父亲是和母亲紧紧相连的，如果母亲的倒下让父亲也在悲伤之中倒下，家庭连续倒下两个支柱，那么家庭就有坍塌的危险，至少也是元气大伤。所以我要担起一份责任，担起撑起这个家庭的责任。同时，我还要担起一个儿子的责任，我不能放任我的父亲沉溺在伤痛之中，我要把父亲从这伤痛之中扶起来，让父亲直面现实，乐观生活。

十一　父亲病重及逝世

10多年前母亲用积攒了几十年的辛苦钱买下了位于景德镇市莲社北路的老艺术瓷厂旧址的店面，对着她的长孙和亲友慈祥地笑着说：这间店面将来要给我宝宝。这也是老人对孙儿的期望与对孙儿将来成长、成才给予的资金保障。店面装饰一新后，父母亲觉得胡晖创业艰难，且胡晖也在扶持一位聋哑青年画家，就以低价转租的形式让胡晖在那里开了几年店。当时景德镇陶瓷可谓“洛阳纸贵”，不要说好的作品，连破损了的瓷器都能卖出去。

2012年，陶瓷销售进入低谷期，以往的“洛阳纸贵”变成了“门可罗雀”。父亲让我将店面重新装修一下，将来让长孙王雄来主持这个“世家陶瓷”店，并再三交代，一定要把朝东南方向的阳光比较好的房间留给他，并放一张大桌子，等将来病好了，他要把自己 80 多年来的治学方法以及技艺传授给心爱的长孙王雄。

按照父亲的吩咐装饰一新的“世家陶瓷”店全面竣工后，父亲亲笔题写了“克绍箕裘”四个大字，悬挂在美丽的佛印湖畔的莲社北路上。“克绍箕裘”在百度百科上被解释为能继承父、祖的事业，出自西汉戴圣的《礼记·学记》：“良冶之子，必学为裘，良弓之子，必学为箕。”实际上，父亲就是希望子孙后代能够继承祖业，一代代传下去，生生不息。

父亲在闲暇时间里除了去那些创作瓷画的好友的工作室，便是和自己的孙子逗趣。记得有一次，父亲抱着我的儿子到莲花塘画禅阁胡晖先生的茶室去玩。胡晖先生有用微型摄像机记录和父亲交往、探讨艺术内容的情形的习惯。那一天，父亲面带微笑，询问画禅阁的装修进度，还不忘叮嘱胡晖先生不能落下画桃的练习，应该时常握着画笔找寻画桃的手感，并且就胡晖先生当时的创作给出了一些建议和意见。在微型摄像机的镜头中，父亲尽显慈态，时常用嘴唇紧贴着小儿的脸蛋亲吻。

从画禅阁回来的一周后，微型摄像机记录下的美好景象忽然像是沙漠中的海市蜃楼一样忽然幻灭。脑海中关于父亲的记忆就像是一块块碎片，经过努力拼凑勉强成为一幅画面。但是，这看似完整的一幅画面终究还是被父亲离世这一事实冲击得支离破碎。

从画禅阁回来的第三天傍晚，父亲忽然在家中倒地。家里的人看到这一情形都慌忙不已，我急忙联系了市里的救护车。父亲被送进了重病监护室。在重症监护室外、不知道检查结果的家人们眉头紧蹙，非常不安，只能默默地为父亲祈祷，希望他能够挺过这次难关。很幸运的是，祈祷似乎起了作用，就像是上天听见了家人的呼声一样，父亲苏醒了过来。躺在病床上的父亲，脸上还留有被病魔折磨的痕迹，但是看到父亲已经醒来，大家还是非常开心。一大家子人暂时停下手头的工作，轮流在父亲床前照顾父亲。父亲也面带笑意和我们聊家常，听我们讲工作上的事情。在父亲病重期间，作为父亲“忘年交”的王锡良老师不顾自己90多岁的高龄和行动的不便，仍然亲自到父亲的病房看望、问候父亲，两位饱经人间沧桑的老人执手相望的画面让人唏嘘不已。当王锡良老师和父亲聊到陶瓷艺术创作时，父亲疲惫的眼里闪烁出光芒。他还坐起来，发表了自己的一番见解。

大概在入院后的第三天，父亲就能够下地行动了。在椅子上坐着的父亲见到孙子过来，还高兴地抱起他，对他说：“过一两天爷爷出院就买好吃的给你啊。”但这句欢喜的话语最终只停留在了父亲的口中，而没有成为现实。就在父亲说这话的第二天，医院忽然下了病危通知书，并建议我们接父亲回家，享受与老人的最后时光。在残酷的现实面前，我们又能够做些什么呢？我们只能让我们的记忆停留在欢欣的时刻。所以经过商议，我们还是将父亲接回了家。当时我的姐姐王淑凝希望父亲能够回到自己家中，在自己家中走完最后这段时光。但是，父亲在生前用开玩笑的口吻跟我们说过，将来的某一天，到了要离开人世的那一刻，他要在自己的儿子家中离开这个世界。父亲的话语犹在耳边。所以纵然我家当时刚装修不久，在外人看来这样多少有些不吉利，但我还是坚持把父亲接到了我的家中。当年，母亲也正是在我家——春天花园16栋101室去世的。我在自己家中为父亲送终，就像是得到了父亲最后的垂爱，又像是让父亲能够更好地和母亲在另一个世界相遇。

最后，父亲在我的家中安然离世了，这一事实犹如晴天霹雳让我们跌入另外一个世界。我们难以接受这一事实，也看到了生命的脆弱。那个一直挑起家庭大梁的人，那个一直挑着生活重担的人，那个曾经和我们一起在紫藤小院欢声笑语、一起畅聊陶瓷艺术的人，我的父亲，我的老师，在这一刻离我而去了。我尽力劝说自己，父亲只是去了另一个世界，他在另一个世界和母亲、和祖上团聚了，这样，我那颗无法掩饰悲伤的心才能得到些许安慰。从此，我再也得不到父亲对我作品的指点了，再也听不到父亲关心我工作、生活的话语了，再也看不到父亲聊我们祖上荣光时骄傲的神情了。以往，父亲每天下午4点多钟就会打电话给我，问我在哪里、在干什么、回不回家吃饭，尤其是我出差在外时，他更是嘘寒问暖，反复叮嘱，生怕我冷着、累着。父亲离去后，我很长一段时间都缓不过劲来，每天忙完手头上的工作，总是习惯性地等待父亲催我回家的电话，也常常习惯性地惦记着下班后和父亲在一起的时光。可是，在忽然意识到家中已经没有在等待我的父亲时，我的身体便一下子松垮、疲软下来，眼泪在心头一紧后在眼眶打转。

当时我那尚年幼的儿子还时常问我“爷爷到哪去了，什么时候回来呀，我好想他呀”“爷爷什么时候会给我买好吃的啊”。这些问题我难以作答，因为它们会让我想起过去和父亲在一起的点点滴滴，让我心痛不已。最后，我只能眼含悲伤的泪水回答道：“爷爷出远门了，很快就会回来带宝宝去玩、去买好吃的了。”

在2015年9月10日这样一个特殊的日子，父亲前往天国与母亲团聚。那一天，除了教师节，本地各大媒体也对父亲的去世进行了大量报道，父亲的离去轰动了整座城市。因为父亲在生前嘱咐过我，身后事不要搞“大手笔”,所以我们仅仅通知了家里亲戚及父亲生前好友等来参加父亲的葬礼,并没有弄出大的动静。葬礼开始,人群集聚,神情肃穆。在这种氛围下,我再也无法抑制亲人离去所带来的那种悲伤感情,流泪、跌坐、被安慰周而复始,直至勉强参加完葬礼。举办完葬礼的两三天后,父亲的好友们自发地为父亲举办了追思会。社会各界的人士都认为,父亲的逝去,是一颗陶瓷泰斗的陨落,是景德镇陶瓷文化延续的记录的缺失;我们王家失去了一位极重情感的长者,而景德镇这座城市更是失去一位重要的人物。除了举办悼念会、告别仪式,社会各界人士还纷纷发来悼文、纪念文等。

中国工艺美术大师李菊生教授写的纪念文如下:

王隆夫先生是景德镇人民心中的家长,先生的作品、先生的书法、先生的音容笑貌已经融进景德镇千家万户的日常生活的信息之中;“王隆夫”三个字和景德镇珠山清新的空气、滔滔的昌江流水一样,是我们这个江南小镇亲切的印象。

在景德镇人民呼吸着的有着浓厚传统文化的空气中,在景德镇人民身体里流淌着陶瓷文化的血液中,都有着对王隆夫才华的记忆。

王隆夫先生出身于“陶瓷世家”,祖父王昌彬曾任清光绪、宣统御窑督办,其父王庭芳也是瓷坛名人。王隆夫先生继承了家族的基因,擅长粉彩古代人物,兼山水、写意花鸟。

龙步青云酬壮志,鹏翔碧宇览神州。他笔下的艺术形象多取材于历史典故、神话传说,着力于真情实感,以兼工带写的手法塑造形象,神形兼备。他的作品熔诗、书、画、金石于一炉，格调高古，笔力遒劲，在中国陶瓷史上留下了光辉的一页。

地上一位瓷坛泰斗驾鹤西去，天上又升起一颗耀眼的启明星。王隆夫先生是一位慈祥的老人，性情淡泊，为人谦恭，有着历经人世沧桑之后的恬静，有着人生绚烂之极的平淡。他笔墨之中的本质是质朴和厚重。他性情仁慈，爱子女，给子女传授技艺，传授为人之道，所以他的子女个个优秀、人人成材，在陶瓷行业中成为举足轻重的人物。

他爱社会，爱人才，在培养学生、教育新人方面，竭尽全力，恪尽职守，为社会培养了一大批艺术人才，其中不乏栋梁之材。

他尊老爱幼。王老是有名的孝子，对父母、对长辈，体贴入微，关怀备至，养老送终，为社会所称道。他的言传身教深深影响了他的子女，所以他的子女全部都是孝子孝女。

王隆夫先生走了，他给景德镇留下了无法估量的宝贵财富；王隆夫先生走了，他留给了景德镇无尽的悲哀。沉默的珠山在哽咽，滔滔的昌江在哭泣。

李广明先生写的纪念文如下：

王隆夫算得上是景德镇的贵族，其祖父是御窑总办，每一任浮梁县令履新的第一件事就是拜见这位总办。

有别于其他的陶瓷世家，王隆夫的家庭世代书香，家庭地位非一般画瓷或是陶瓷富商可比。王隆夫很小就开始自学画画，他的家中有许多价值连城的古画，大多是清朝皇帝赏赐给王家的。临摹这些名作真迹，让王隆夫的起点比一般人要高得多。

王隆夫是景德镇的才子，诗、书、画、印俱绝。其画如其人，气韵豪迈，挥洒自如。许是这样的性格，让王隆夫结交了不少艺术同道，景德镇的艺术家自不必说，国内不少名家都与王隆夫有交。

潘天寿就是其中一位。王隆夫认识潘天寿是在一次华东美展上，二人都住在上海的华山宾馆。一次偶遇，王隆夫认出了潘天寿，便上前自我介绍来自景德镇，从事陶瓷艺术，也非常喜欢国画。

潘天寿对年轻的王隆夫也很有好感，王隆夫常与潘交流绘画心得。二人分处景、杭，王隆夫每次路过杭州都会前往潘家拜会，但平时只能书信来往，谈的多是国画。

王、潘之交止于"文革"。潘在"文革"中受到打击，过了很久王隆夫仍为潘鸣不平。吴昌硕的一案弟子中，潘是最具才华的，他师于吴却自成一派。在王隆夫眼中，潘是极了不起的人物。

王隆夫曾多次邀请潘天寿来景绘瓷，潘欣然应允，也是因为"文革"未能成行，这是王隆夫心中的一大憾事。潘天寿虽无缘瓷都，但其他大画家却相继到了景德镇，林风眠、唐云等就曾来景绘瓷。

林风眠曾在艺术瓷厂绘瓷，就坐在王隆夫旁边。久闻林风眠大名，王也常观摩林绘瓷。一次林风眠画完一件瓷器，甚是满意，便问王隆夫："怎么样？"没料想王隆夫却答："不行。"

林风眠有些不悦。王隆夫便说，不是说画不行，而是料没用好。原来林的瓷画有一块误将油当成了料，烧完便没有了。王好意相告，林却执意拿去烧，结果正如王所言。

从此，林风眠出了瓷画，便问王隆夫意见，二人少不了探讨一番。林、王相交甚好，一次林准备了一些画作送人，第一个就让王隆夫去挑，王隆夫挑了一张最小的。胡献雅曾看到这幅画作，直夸王隆夫有眼光，舍大取小，恰恰这幅小画是最好的。

王隆夫的家中至今仍珍存着这幅画作，潘天寿、唐云等人也都曾赠画。这些名家画作王隆夫都没装裱，"文革"时都幸免于难。这些纪念着友情的画作得以善存，算得上一件幸事。

发来的这些悼文、纪念文，我一篇不落地都阅读了，并都存放了起来。这些悼文、纪念文可以说是父亲及其老友们友谊的见证，也是父亲曾在人世间拼搏奋斗的见证。"雁过留声，人过留名。"父亲的拼搏努力，让世人记住了他，记住了他的作品，记住了他为景德镇这个城市传统文化延续所做出的贡献。

和这些悼文、纪念文一同留下的还有父亲生前的诸多作品。在整理父亲遗物的时候，关于父亲的一切我都不想丢弃，丢弃这些遗物就像是丢弃了我对父亲的记忆一样，我害怕再也看不到父亲的这些东西，如果这些东西不见了，那父亲也就真正地从我身边离开了。

从父亲的遗物中整理出的父亲认为不成功的作品，我全都装裱了起来。不少被父亲丢弃的、他眼中的"废纸"，装裱一下也不失为优秀的作品,观赏性十足。看到这些作品,我就像看到了平时生活在我们身边的父亲,关于父亲的点点滴滴就会闪现在我的脑海之中。父亲平时是个节俭的人,对于那些达不到自己要求的作品,他觉得丢掉有些可惜,就用来包裹其他东西。有一次,我在收拾父亲的遗物时,发现了父亲生前为三贤湖公园题字的草稿,有10余张。记得父亲那时先是在废纸上写了要写的字的一些偏旁,然后才在纸上写上"三贤湖"几个字,接着又认真仔细地写了10张。最后,父亲挑了一张最好的,没挑中的他就用来包东西,没有直接丢掉。

那时,有很多人来求父亲写字,父亲也大都允诺,但没有因为数量多而随便对待,依旧是仔仔细细、严谨地写每一个字。我问父亲为什么每次都那么严谨,有时差不多就行了。父亲回答:"每个人都有自己的本分,读书人要读好自己的书,做房子的要建好自己的房子,我们这群搞艺术的要写好自己的字,画好自己的画。我们要做好自己的本职工作,不能弄虚作假。"父亲的这种治学态度直到现在还我十分敬佩,他一直是我们这些年轻艺术家的模范与榜样。除此之外,父亲的另外一个学习习惯同样让我受用终身。父亲从小便有看书做读书笔记的习惯,看到书的精彩部分便用毛笔记下笔记,写成小楷,整整齐齐的。父亲的家中至今还保存了许多他生前所做的读书笔记,堆起来高高的。父亲这一生真正践行了"活到老,学到老"这六个字,到晚年,父亲仍然可以记得许多诗词。记得前几年,在一次笔会上,父亲在画一条鳜鱼。旁边一位女士看着鳜鱼,不经意地说:"西塞山前白鹭飞,桃花流水鳜鱼肥。"父亲听闻,转过头来,笑着接道:"青箬笠,绿蓑衣,斜风细雨不须归。"这件事还是当时在场的另一位女士告诉我的。现在想起,我仍惊讶于父亲的诗词功底,惊讶于他在如此高龄时还能对这么多诗词了然于胸;同时,我也更加认识到终生学习的必要性,认识到自己应该传承父亲的这种精神,王家需要传承这种精神。

但是在现代社会里,有很多人刚取得了一些小成就便沾沾自喜,忘乎所以,随后就走上了追名逐利的路,忘记了自己作为一个读书人、一个艺术家的根本任务。而在现在的高校里,许多学生天天在课堂里玩手机,只知道务虚,而不做实事,这种现象在我父亲在大学里面教书时是不能想象的。那时的学生同样也有调皮好玩的,但是他们对待学习时态度还是十分端正的。在现代社会,我们更需要向我父亲他们那一辈的艺术家学习,学习他们的优点。父亲等老一辈艺术家的精神,不仅仅对我,对我王氏,就是对我们现在的这个社会也有着很大的借鉴和学习意义。我,我们王氏,会发扬父亲严谨治学的精神,也会让社会里更多的人了解、学习这种严谨治学的精神。

在收拾父亲的遗物时,我感受到的不单单是父亲严谨治学的态度,也感受到他对子女深沉的爱和对友人的思念。在父亲生前,有一个非常重要的领导曾经送过一块翡翠给父亲。那个领导的父亲与我的父亲同岁,那个领导更是拜我父亲为干爸爸,所以父亲与他的关系极为要好。父亲在拿到这块翡翠后,觉得它很适合用于做印。但是翡翠的硬度远超一般的寿山石和青岩石,父亲刻不动,便用毛笔在那块翡翠上写上了“隆夫”二字。接下来那一年的正月初二,我和父亲以及我的师弟江振声去了黄山市屯溪古街,找到万仁晖先生,想让他帮忙刻印。万仁晖先生把我们介绍给了一个专业的用机械刻印的师傅,并出资帮我们刻印。刻好后,父亲一直很看重这方印,再三叮嘱我好好保存。和这个印保存在一起的还有父亲之前收藏的一盒印章，里面不仅有父亲自己刻的印章，更有还经楼印等一些非常重要的印章。父亲生前便早已经叮嘱了我，让我保存好这些印，要让这些印一直在王家传下去。但是，这些印在父亲去世之后就不知所踪了，我在父亲的家中仔细搜寻也没有找到。后来，我们想是不是被人拿走了，还报了警让警察来搜寻，但也没有找到。父亲去世的第二年，我与我的妻子刘慧兵、我的学生马涛在家中一个架子的最下面发现了一个盒子。我与妻子、学生一起打开了这个盒子，只见父亲生前收藏的那些印章一层一层、整整齐齐地摆放在盒子里。当时，我们三人看到这样的场景之后，都不自觉地湿了眼眶。一层层打开那盒子，我们在盒子的最底部发现了那块翡翠。它被普通的锡纸包裹了起来，被放在了盒子最下一层的一个小角落里。就这样，悬案被破解了，而且是以一种最符合父亲风格的方式。

在别人看来，我的父亲是一位艺术家，是一位国家工艺美术大师，是一位教书育人的老师，但对于我——他的儿子而言，在我的心中，他那父亲的身份远比其他身份伟大，远比其他身份有意义和价值，那声“安安”也远比世间其他声音响亮亲切。但这一切都不会再有了，父亲喝的酒还在，父亲用过的笔还在，父亲的画还在，但家中的紫藤树下再也不会有那个身影了。春天还会再来，紫藤还会再发芽、再开花，但树下一家人在一起的情景却再也不会有了。

我，十分想念我在天国的父母。

十二　后续

如今，可以告慰父母在天之灵的是，他们的四个子女及孙辈都在陶瓷工艺方面都有所发展。我的大姐王淑凝不久前被评为中国工艺美术大师，我在多年前就升为国家二级教授，我的两个妹妹也都是江西省工艺美术大师。他们的长孙王雄从陶瓷大学毕业后赴韩国圆光大学深造，现已硕士毕业，准备攻读博士；次孙王邕、三孙王峤读书也非常刻苦认真，成绩优秀。这个陶瓷世家在王昌彬、王旺柏、王隆夫、王安维、王永伯、王永之、王永青等一代代人的努力下，必然薪火相传，生生不息。

王隆夫奖学金

后　记

书中聊到的许多有关于我父亲的故事，有的是我小时候听我爷爷、奶奶讲的，但是更多的是我从小到大在父亲、母亲身旁，亲眼所见、亲耳所闻的。说到父亲，归根到底，可以这样概括：孝亲敬长，严谨治学，诲人不倦，敢于创新。

景德镇是一个四面环山的城市，由于交通不便，在旧社会，这里的工匠对外面那多彩的世界知之甚少，甚至可以说他们是井底之蛙。有时一些军队会经过景德镇，他们中间那些比较懂艺术的人会带来一些画册让工匠临摹，改变了一些工匠的命运。我记得很久以前，艺术瓷厂有一位老艺人去世后，他的家人在收拾遗物时，把老人生前的几张毛边纸画稿卖给了几个年轻人，之后，老人的徒弟为了那几张画稿，差点和老人的家人打起来。

那时，一般的艺人对自己的技艺十分看重，对自己的徒弟都遮遮掩掩，更别说外传了。很多学徒跟一个师傅，也许跟了十几年也只是帮师傅做一些家中杂活，好一点的可以搓颜料、了解樟脑油的使用、学习乳香油的油性等，至于师傅的图稿，一般来说是接触不到的。我记得以前有一位叫雷火莲的老艺人，他一般都只把自己一个人关在画室里面画瓷器，画好以后用煤油灯把主要的画面熏黑遮盖住，然后才把徒弟叫进房间，吩咐徒弟将作品拿到某个烧炉的师傅家烧。次日，老艺人会亲自到烧炉师傅的工作室里去取烧好的瓷器，并用布包好，以防别人看到，然后直接与陶瓷商人接洽。父亲就是在这种环境下成长的，但庆幸的是，我的爷爷毕业于上海美专，早年学习海派艺术，有着深厚的艺术涵养，同时也结交了多位海派艺术家。他指导父亲学习任伯年、吴昌硕的艺术作品，学习他们的优点，让父亲在追求艺术的路上少走了许多弯路。

即便如此，父亲的求学之路仍然十分坎坷。艺人是很难将自己的绝学倾囊相授的，父亲也是通过不断学习和探索才有了日后的成就。父亲在艺术上被许多收藏家、艺术家认可后，对于培养学生却不像之前那些老艺人那样遮遮掩掩，而是以身作则，全心全意地指导，有时甚至还和学生一起谈论问题，没有丝毫保留。这可以从我父亲的弟子们那里得到证明。有时，其他艺人的徒弟来向我父亲请教，我父亲也毫无保留地说出自己的见解。求知者若是听不懂，父亲还会慢慢地、耐心地多次讲解，手把手地教导，直到他学会为止。

父亲的很多作品被中央电视台、《人民日报》等媒体报道、转载过，因而也被多次临摹。对此，父亲认为，自己的作品能被晚辈临摹是一件好事，能让自己的作品无时无刻不在发光发热，对自己而言，是一件值得欣慰的事情。父亲就是这样一个以自己无比广阔的胸襟来包容求知者的人。

纵观我祖辈几代人，我的祖父王庭芳可能是学问最好、知识面最广、才华最出众的，但他却默默无闻。我认为，他的默默无闻大概是因为他生不逢时。

我的祖父生于清代末期，成长于军阀混战、动荡无比的民国初期，之后又经历了抗日战争、解放战争和“文化大革命”，一生坎坷。虽然祖父很有才华，但在生命都很难保全的时代，他也很难去施展。国务院原副总理方毅同志到景德镇时曾经说：“国运盛则瓷运盛。”这确实是很有道理的。

我的曾祖父王昌彬则生活在一个相对安稳的时代，同时他还遇上了他的伯乐翁同龢先生，所以他的才华更容易展现出来。我的父亲王隆夫虽然在早年经历了解放战争和“文化大革命”，但幸而那只是在求学时期，食物方面也勉强能果腹，因而没有被摧残意志，反而越来越坚强、越来越强大了。在中晚年的时候，他遇上了改革开放的大好时期和互联网时代，这不仅可以让他学到更多的知识和技巧，更让他有了更大的发挥才华的空间，这对他的影响是巨大的。

因此我们这一代艺术家、这一代青年人更要珍惜这个来之不易的大好时代。我们要努力学习先贤的优良品质，发挥出自己的潜力，为这个的社会、为我们的国家、为这个时代奉献出我们的力量，努力传承、创新我们的优秀传统文化，一步步实现我们的中国梦。

前两天，我在路上偶遇民盟中央美术院景德镇分院的周永春院长。他说：“景德镇近几年提出了‘打造与世界对话的城市’这个主张，但是景德镇人对于景德镇要怎样与世界来对话是模糊的。首先，我们能不能用砖、瓦来与世界对话呢？这肯定是不行的。那我们能不能用日用瓷器去与世界对话呢？这同样是行不通的。景德镇唯有拿出自己的艺术陶瓷去与世界对话，拿出世界任何一个地区都无法比拟的陶瓷文化与艺术陶瓷来与世界对话，才行得通。但这首先要求我们景德镇要拥有一批有着高度艺术涵养、艺术水平的艺术家，所以我们景德镇要重视我们艺术家的培养，如果我们不能很好地做到这点，我们就很可能会走向衰亡。”

景德镇从古至今有过许许多多的艺术家，他们前赴后继地为景德镇的发展做出过自己的贡献。宜兴在20多年前就为吴冠中、徐汉棠、徐秀棠、汪寅仙、顾景舟、蒋蓉等几十位大师打造了以这些艺术家名字命名的艺术馆。他们留住这些大师的作品，让后人能继续发扬大师们奋发向前的精神，传承大师们的艺术精髓，也让宜兴这座城市更有涵养。但是近几十年来，景德镇的城市改造把有上千年历史的瓷文化遗址和里弄“窑砖头”文化都快弄没了，艺术家纪念馆也没有一座，实在是有些令人失望。

不过，好在景德镇是一座海纳百川的城市，来自五湖四海的艺术家聚集于此，不断创新、发展，为这座城市增添了不少活力，让这座城市更加富有生机；景德镇本地的艺术家也克绍箕裘，踵武赓续，传承先贤，发扬创新。我的父亲就是这样，燃烧了自己，却点亮了许多处于迷茫中的青年艺术家的陶瓷艺术创作探索之路，让景德镇的陶瓷文化越来越繁荣，也让陶瓷这个符号更加深刻地刻印在景德镇这座城市之中。

在本书即将付梓之时，我要特别感谢傅芳、涂亮、漆德三、陈文杰等人对于本书的支持与帮助，同时也感谢吴远征同志为本书撰写序言。

王安维

二〇一八年六月十九日写于还经楼